中国畜牧业统计

ZHONGGUO XUMUYE TONGJI

2012

农业部畜牧业司
全国畜牧总站　编

中国农业出版社

图书在版编目（CIP）数据

中国畜牧业统计.2012／农业部畜牧业司，全国畜牧总站编.—北京：中国农业出版社，2013.11
ISBN 978-7-109-18529-6

Ⅰ.①中… Ⅱ.①农… ②全… Ⅲ.①畜牧业-统计资料-中国-2012 Ⅳ.①F326.3-66

中国版本图书馆 CIP 数据核字（2013）第 257965 号

中国农业出版社出版
（北京市朝阳区农展馆北路 2 号）
（邮政编码 100125）
责任编辑 汪子涵

中国农业出版社印刷厂印刷 新华书店北京发行所发行
2013 年 11 月第 1 版 2013 年 11 月北京第 1 次印刷

开本：720mm×960mm 1/16 印张：14.75 插页：2
字数：258 千字
定价：100.00 元

【编 委 会】

编　者　说　明

一、《中国畜牧业统计 2012》是一本反映我国畜牧业生产情况的统计资料工具书。本书内容包括 8 个部分。第一部分为畜牧业发展综述。第二部分为综合，第三部分为畜牧生产统计，两部分数据皆来源于国家统计局。第四部分为畜牧专业统计，数据由各省（自治区、直辖市）畜牧部门提供。第五部分为畜产品及饲料集市价格，数据来自全国 480 个集贸市场调查点，全国平均价是各定点集贸市场的平均价。第六部分为畜产品进出口统计，数据来源于海关总署。第七部分为世界畜产品生产情况，第八部分为世界畜产品进出口情况，二者皆来源于联合国粮食及农业组织（FAO）统计数据。

二、本书所涉及的全国性统计指标未包括香港、澳门特别行政区和台湾省数据。

三、本书部分数据合计数或相对数由于单位取舍不同而产生的计算误差，均未作机械调整。

四、有关符号的说明："空格"表示数据不详或无该项指标。

目　录

一、畜牧业发展综述

二、综合

三、畜牧生产统计

四、畜牧专业统计

五、畜产品及饲料集市价格

六、畜产品进出口统计

七、2011 年世界畜产品生产情况

八、2010 年世界畜产品进出口情况

一、畜牧业发展综述

2012 年畜牧业发展概况

2012 年，畜牧行业攻坚克难，实现稳中有进。1 年来，各级畜牧兽医部门着力化解矛盾，有效应对挑战，全面完成了“保供给、保安全、保生态”任务，现代畜牧业建设取得新成效，为实现“两个千方百计、两个努力确保”目标做出了突出贡献，为国民经济实现稳中求进和“稳增长、控物价、调结构”目标提供了重要支撑。

一、发展成就

1. 畜牧业生产稳定发展。全年肉、蛋、奶总产量分别达到 8 387.2万吨、2 861.2 万吨和 3 875.4 万吨，同比分别增长 5.3%、1.8%和 1.7%，再创历史新高。工业饲料产量达到 1.9 亿吨，增长 5%，稳居世界第一。主要畜产品市场供应充足，价格总体保持平稳，为保障城乡居民“菜篮子”产品消费需求、稳定物价总水平做出了突出贡献。

2. 产品质量安全全面提升。生鲜乳三聚氰胺检测合格率连续 4 年保持 100%。畜产品“瘦肉精”例行监测合格率 99.7%，养殖环节“瘦肉精”监测合格率 99.98%，饲料环节“瘦肉精”监测合格率 100%，饲料产品质量卫生指标监测合格率 95.7%，均处于历史最好水平。

3. 草原生态加快恢复。全年完成种草改良 1 000 万公顷，草原围栏 513.33 万公顷。累计落实草原承包 2.73 亿公顷，草原禁牧面积 9 333.33万公顷，草畜平衡面积 1.73 亿公顷。全国天然草原鲜草总产量约 10.5 亿吨，比上年增加 4.7%；综合植被盖度达 53.8%，比上年提高 2.8 个百分点。鲜草产量和植被盖度均创近年来最好水平。

4. 现代畜牧业建设扎实推进。规模养殖水平稳步提高，年出栏生猪 500 头以上规模养殖比重达到 39%。工业饲料生产集中度进一步提高，年产 50 万吨以上的企业产量占比达到 43%。产业化经营步伐加快，国家级畜牧产业化龙头企业累计达 442 家，占全部农业产业化龙头企业的 27.4%；全国畜牧类专业合作组织达到 16.9 万个，占农民专业合作组织比重达到 28.2%。

二、工作进展

1. 完善畜牧业扶持政策体系。国家政策支持力度进一步加大，中央财政畜牧业投入超过 360 亿元，再创历史新高。组织开展项目资金监督检查，推进各项政策落实。在 6 个省份组织开展了基本建设项目专项检查，在 16 个省份开展了畜牧良种补贴项目交叉大检查。农业部与中国农业银行签署了《支持畜牧业发展战略合作框架协议》，将为畜牧业发展提供500亿元授信额度，畜牧业融资渠道进一步拓宽。

2. 稳步提升综合生产能力。一是大力推进畜禽标准化规模养殖。继续开展畜禽养殖标准化示范创建活动，加强分类指导。在16省市开展了规模养殖专题大调研，组织召开全国标准化规模养殖现场会。二是加快建设现代畜禽种业。制定并实施生猪、奶牛、肉牛和蛋鸡等主要畜禽遗传改良计划。继续推进生猪联合育种，遴选新增19家国家生猪核心育种场。落实畜牧良种补贴项目，编纂出版《中国畜禽遗传资源志》。三是稳定主要畜禽生产。全面落实扶持生猪生产政策措施，完善生猪调控预案并适时协调启动相应措施，力促生产平稳发展。会同国家发展和改革委员会制定了《全国牛羊肉生产发展规划》，研究相关扶持政策，推动牛羊生产加快发展。四是实施振兴奶业苜蓿发展行动。制定下发实施方案和示范片区考核标准，加强技术指导和督导检查，促进奶业健康发展。

3. 强化监测预警和调控。扩大监测范围，新增200个生猪、100个肉羊和10个肉鸡生产监测县，实现主要畜禽品种全覆盖。丰富监测手段，选择480个价格监测点和100个生猪标准化规模场，实行手机终端数据采集，开展移动信息平台建设试点。加大培训力度，组织实施9次监测县统计员集中轮训，全年共培训900多人次。强化形势研判和信息服务，针对第二季度能繁母猪存栏同比连续3个月超过5%的情况，向社会发布了产能偏高的预警信息，对稳定生产起到了积极作用。

4. 切实加强质量安全监管。遴选130家饲料生产企业开展《饲料质量安全管理规范》示范创建，抽取100家饲料添加剂生产企业开展跨省交叉现场检查，组织饲料经营环节大检查，规范饲料企业生产经营行为。加大关键环节抽检力度，有力查处违法案件，深入开展“瘦肉精”专项整治。各地累计出动执法人员266.4万人次，抽检各类样品1040万批次，查处违法案件124起。深入开展生鲜乳违禁物质专项整治，派出13个督导组开展生鲜乳收购站和运输车专项检查。强化生鲜乳质量安全监测，组织开展生鲜乳违禁物质专项整治，累计出动2.2万名检查和执法人员，限期整改生鲜乳收购站100多家，取缔20多家。

5. 加大草原生态保护建设力度。一是完善和落实草原生态补助奖励政策。政策实施范围从8个省（自治区）扩大到13个省（自治区），覆盖所有牧区、半牧区县，增加扶持草原畜牧业转型升级的政策内容。建立政策实施情况定期报送制度，开发完善信息管理系统，组织开展联合监察。二是持续推进草原承包经营。先期实施草原生态保护补助奖励政策的8个省（自治区）牧区草原承包率达到97%。会同中央农村工作领导小组办公室开展专题调研，研究起草加快推进草原承包经营制度的意见。三是实施草原重大工程项目。继续组织实施退牧还草、京津风沙源治理、游牧民定居等草原保护建设重大工程项目，强化工程实施过程管理。四是推进草原畜牧业转型发展。编制完成3个草原畜牧业转型示范工程规划，组织编写《现代草原畜牧业生产技术手册》等系列丛书。

6. 加快畜牧业法制化建设。制定发布《饲料和饲料添加剂管理条例》配套规章，组织了8次培训班和交流会，各地共举办各类培训3000多场次，培训人员20多万人次，发放宣传材料280余万册。推动出台《最高人民法院关于审理破坏草原资源刑事案件应用法律若干问题的解释》，明确非法占用草原等犯罪行为的定罪量刑标准。修改完善《基本草原保护条例（草案）》，推进立法进程。配合环保部门起草《畜禽养殖污染防治条例》。严格行政审批和监督执法，加强草原征占用审核审批管理。

三、面临形势和发展方向

从全年情况看，畜牧业还面临着一些突出矛盾和问题，具体表现在：一是饲料原料价格上涨推高养殖成本。成本上涨与价格下行对养殖效益形成双重挤压，部分养殖场户出现阶段性亏损，挫伤了养殖户的生产积极性。二是散养户加快退出加大了保供给的压力。近年来散养户退出趋势明显加快，要求规模养殖要保持一定的发展速度来弥补，对畜牧业生产转型升级提出更高的要求。三是养殖效益下滑有可能进一步增加疫病风险。口蹄疫、高致病性猪蓝耳病、猪瘟等重大动物疫病虽呈下降趋势，但发病风险仍然存在。随着价格下行和养殖效益下降，一些养殖场户出现防疫积极性下降、饲养管理跟不上的情况，疫病风险增加。四是牛羊肉生产发展缓慢，跟不上快速增长的需求。近年来牛羊肉价格总体呈上涨态势，但仍对生产刺激不足，生产发展仍滞后于需求的增长，牛羊肉生产供应偏紧问题仍然突出。五是用地难、融资难、雇工难和环保问题越来越突出。养殖用地紧缺，规模养殖扩张缓慢；贷款门槛高、利息高、额度小，养殖企业融资无门；管理技术人才短缺，雇工成本大幅上涨，环保设施建设和运营成本高等。部分地区已将养殖污染纳入“十二五”控制指标，一些地方不断出台禁养限养措施。

下一步，要继续采取有力措施，逐步破解畜牧业发展面临难题。一要不断提高综合生产能力。以标准化规模养殖和现代畜禽种业为抓手，推进规模化、标准化、产业化、信息化同步发展。认真落实国家扶持生猪生产各项政策措施，稳定主要畜禽品种生产。积极争取扶持政策，推动实施草原畜牧业转型示范工程，增强牛羊肉生产能力。二要继续强化信息监测预警。进一步加强信息监测预警，逐步构建“多层次、多手段、全覆盖”的畜牧业监测预警体系，为实施产业宏观调控奠定基础。三要加快建设现代饲料工业。坚持“提高门槛，减少数量；加强监管，保证安全；转变方式，增加效益”的工作思路，着力构建优质、安全、高效、规范的现代饲料产业体系。全面落实饲料法规新制度。组织实施饲料和养殖环节质量安全监测计划，继续开展“瘦肉精”专项整治。四要大力推进草原保护建设。坚持“生产生态有机结合、生态优先”的基本方针，推动牧区生态、牧业生产和牧民生活持续协调发展。大力推进草原承包经营。加强草原法制建设，推进《基本草原保护条例》立法进程。强化草原生态保护补助奖励机制督导，继续实施草原保护建设工程。五要加快建设现代奶业。坚持优质化、规模化、标准化、机械化、合作化的发展方向，促进奶业持续健康发展。加快奶源基地建设，加快实施振兴奶业苜蓿发展行动，提高奶业生产水平。加强生鲜乳质量安全监管，开展生鲜乳违禁物质专项整治，严厉打击生鲜乳各种违禁添加行为。六要全面提升畜牧业科技水平。明确科技创新重点，着力构建以企业为主体、产业为导向、产学研结合的畜牧业技术创新体系。推进畜牧业技术推广体系改革，抓好现代畜牧业产业技术体系建设的指导和监督，加快畜牧饲料标准制（修）订。

二、综　　合

2－1　全国农林牧渔业总产值及比重

（按当年价格计算）

单位：亿元

年份	农林牧渔业总产值	农业	比重（%）	林业	比重（%）	牧业	比重（%）	渔业	比重（%）
1952	461.0	396.0	85.9	7.3	1.6	51.7	11.2	6.1	1.3
1957	537.0	443.9	82.7	17.5	3.3	65.4	12.2	10.2	1.9
1962	584.0	494.7	84.7	13.0	2.2	63.8	10.9	12.6	2.2
1965	833.0	684.3	82.1	22.3	2.7	111.5	13.4	14.8	1.8
1970	1 021.0	838.4	82.1	28.6	2.8	136.6	13.4	17.4	1.7
1975	1 260.0	1 020.5	81.0	39.2	3.1	178.4	14.2	21.9	1.7
1978	1 397.0	1 117.6	80.0	48.1	3.4	209.3	15.0	22.1	1.6
1980	1 922.6	1 454.1	75.6	81.4	4.2	354.2	18.4	32.9	1.7
1985	3 619.5	2 506.4	69.2	188.7	5.2	798.3	22.1	126.1	3.5
1990	7 662.1	4 954.3	64.7	330.3	4.3	1 967.0	25.7	410.6	5.4
1991	8 157.0	5 146.4	63.1	367.9	4.5	2 159.2	26.5	483.5	5.9
1992	9 084.7	5 588.0	61.5	422.6	4.7	2 460.5	27.1	613.5	6.8
1993	10 995.5	6 605.1	60.1	494.0	4.5	3 014.4	27.4	882.0	8.0
1994	15 750.5	9 169.2	58.2	611.1	3.9	4 672.0	29.7	1 298.2	8.2
1995	20 340.9	11 884.6	58.4	709.9	3.5	6 045.0	29.7	1 701.3	8.4
1996	22 353.7	13 539.8	60.6	778.0	3.5	6 015.5	26.9	2 020.4	9.0
1997	23 788.4	13 852.5	58.2	817.8	3.4	6 835.4	28.7	2 282.7	9.6
1998	24 541.9	14 241.9	58.0	851.3	3.5	7 025.8	28.6	2 422.9	9.9
1999	24 519.1	14 106.2	57.5	886.3	3.6	6 997.6	28.5	2 529.0	10.3
2000	24 915.8	13 874.0	55.7	936.5	3.8	7 393.1	29.7	2 712.6	10.9
2001	26 179.6	14 462.8	55.2	938.8	3.6	7 963.1	30.4	2 815.0	10.8
2002	27 390.8	14 931.6	54.5	1 033.5	3.8	8 454.7	30.9	2 971.1	10.8
2003	29 691.8	14 870.1	50.1	1 239.9	4.2	9 538.8	32.1	3 137.6	10.6
2004	36 239.0	18 138.4	50.1	1 327.1	3.7	12 173.8	33.6	3 605.6	9.9
2005	39 450.9	19 613.4	49.7	1 425.5	3.6	13 310.8	33.7	4 016.1	10.2
2006	40 810.8	21 522.3	52.7	1 610.8	3.9	12 083.9	29.6	3 970.5	9.7
2007	48 893.0	24 658.1	50.4	1 861.6	3.8	16 124.9	33.0	4 457.5	9.1
2008	58 002.2	28 044.2	48.4	2 153.0	3.7	20 583.6	35.5	5 203.4	9.0
2009	60 361.0	30 611.1	50.7	2 359.4	3.9	19 468.4	32.3	5 626.4	9.3
2010	69 319.8	36 941.1	53.3	2 595.5	3.7	20 825.7	30.0	6 422.4	9.3
2011	81 303.9	41 988.6	51.6	3 120.7	3.8	25 770.7	31.7	7 568.0	9.3
2012	89 453.0	46 940.5	52.5	3 447.1	3.9	27 189.4	30.4	8 706.0	9.7

2-2 农林牧渔业总产值、增加值、中间消耗及构成

（按当年价格计算）

指　　标	总产值	增加值	中间消耗		
				农林牧渔业物质消耗	农林牧渔业生产服务支出
绝对数（亿元）					
农林牧渔业合计	**89 453.0**	**52 373.6**	**37 079.4**	**31 879.2**	**5 195.0**
农业	46 940.5	30 216.1	16 724.3	14 021.7	2 698.7
林业	3 447.1	2 281.3	1 165.8	893.1	272.7
牧业	27 189.4	13 128.4	14 061.0	13 042.3	1 018.7
渔业	8 706.0	5 266.9	3 439.1	2 836.5	602.6
构成（%）					
农林牧渔业合计	**100.0**	**100.0**	**100.0**	**100.0**	**100.0**
农业	52.5	57.7	45.1	44.0	51.9
林业	3.9	4.4	3.1	2.8	5.2
牧业	30.4	25.1	37.9	40.9	19.6
渔业	9.7	10.1	9.3	8.9	11.6

注：物质消耗、生产服务支出未包括西藏。

2－3　各地区农林牧渔业总产值、增加值和中间消耗

（按当年价格计算）

单位：亿元

地　区	农林牧渔业			农业		
	总产值	增加值	中间消耗	总产值	增加值	中间消耗
全国总计	**89 453.0**	**52 373.6**	**37 079.4**	**46 940.5**	**30 216.1**	**16 724.3**
北　京	395.7	150.2	245.5	166.3	76.0	90.3
天　津	375.6	171.6	204.0	196.0	95.1	100.9
河　北	5 340.1	3 186.7	2 153.4	3 095.3	2 093.2	1 002.1
山　西	1 304.3	698.3	605.9	847.4	479.3	368.2
内蒙古	2 449.3	1 448.6	1 000.8	1 172.0	764.6	407.4
辽　宁	4 062.4	2 155.8	1 906.6	1 539.6	930.1	609.6
吉　林	2 502.0	1 412.1	1 089.9	1 166.6	772.2	394.4
黑龙江	3 952.3	2 113.7	1 838.6	2 315.6	1 478.1	837.5
上　海	321.7	127.8	193.9	171.5	73.7	97.8
江　苏	5 808.8	3 418.3	2 390.5	2 966.7	2 031.3	935.4
浙　江	2 658.7	1 667.9	990.8	1 229.4	887.8	341.6
安　徽	3 728.3	2 178.7	1 549.6	1 867.6	1 151.8	715.9
福　建	3 007.4	1 776.7	1 230.7	1 263.7	797.1	466.6
江　西	2 399.3	1 520.2	879.0	1 003.2	667.0	336.2
山　东	7 945.8	4 281.7	3 664.0	3 960.6	2 329.9	1 630.7
河　南	6 679.0	3 769.5	2 909.5	3 958.9	2 315.8	1 643.1
湖　北	4 732.1	2 848.8	1 883.3	2 488.1	1 594.8	893.2
湖　南	4 904.1	3 004.2	1 899.9	2 651.7	1 857.1	794.6
广　东	4 656.8	2 847.3	1 809.6	2 229.3	1 555.7	673.5
广　西	3 490.7	2 172.6	1 318.1	1 724.0	1 181.9	542.1
海　南	1 082.1	711.5	370.6	460.7	298.6	162.1
重　庆	1 402.0	940.0	462.0	841.8	628.4	213.4
四　川	5 433.1	3 297.2	2 136.0	2 764.9	1 915.5	849.4
贵　州	1 436.6	891.9	544.7	864.9	561.3	303.5
云　南	2 680.2	1 654.6	1 025.7	1 398.2	935.0	463.2
西　藏	118.3	80.3	38.0	53.4	35.0	18.4
陕　西	2 303.2	1 370.2	933.0	1 526.3	944.1	582.2
甘　肃	1 358.2	780.5	577.6	984.2	580.7	403.6
青　海	263.9	176.8	87.1	117.1	69.5	47.6
宁　夏	385.1	199.4	185.7	240.5	135.9	104.6
新　疆	2 275.7	1 320.6	955.1	1 675.0	979.9	695.1

2-3 续表

单位：亿元

地区	林业			牧业			渔业		
	总产值	增加值	中间消耗	总产值	增加值	中间消耗	总产值	增加值	中间消耗
全国总计	**3 447.1**	**2 281.3**	**1 165.8**	**27 189.4**	**13 128.4**	**14 061.0**	**8 706.0**	**5 266.9**	**3 439.1**
北京	54.8	23.5	31.3	154.2	44.1	110.0	13.0	4.5	8.4
天津	2.8	1.6	1.1	105.0	44.0	61.0	61.7	29.4	32.3
河北	77.9	55.7	22.1	1 747.7	825.3	922.4	177.7	105.1	72.7
山西	79.1	32.2	46.9	298.8	149.6	149.3	8.4	4.6	3.8
内蒙古	97.8	67.2	30.5	1 118.9	578.8	540.1	26.1	17.4	8.7
辽宁	128.7	75.2	53.4	1 621.2	655.1	966.1	618.7	402.3	216.4
吉林	98.1	61.4	36.7	1 130.4	516.6	613.8	34.1	20.9	13.2
黑龙江	134.5	62.3	72.2	1 350.7	506.5	844.2	77.9	29.2	48.7
上海	9.5	3.0	6.6	72.6	25.8	46.8	57.5	21.4	36.1
江苏	99.7	55.2	44.5	1 226.2	490.5	735.7	1 235.4	682.3	553.1
浙江	142.1	103.8	38.4	549.0	248.7	300.3	687.0	402.6	284.4
安徽	209.5	145.9	63.6	1 119.7	554.4	565.4	384.4	253.4	131.0
福建	256.5	165.1	91.4	481.3	250.7	230.5	903.4	504.3	399.1
江西	228.9	177.5	51.4	752.7	397.3	355.4	333.1	233.2	99.9
山东	107.0	75.5	31.5	2 285.9	946.7	1 339.2	1 267.1	771.2	495.8
河南	140.9	84.9	55.9	2 255.6	1 233.5	1 022.1	86.4	58.3	28.1
湖北	100.1	50.6	49.4	1 334.0	765.7	568.3	626.2	379.5	246.7
湖南	260.0	192.3	67.7	1 488.6	675.8	812.8	279.9	182.2	97.7
广东	222.7	166.0	56.8	1 134.1	514.4	619.7	914.0	546.5	367.5
广西	245.3	187.7	57.6	1 072.8	530.0	542.8	331.7	225.1	106.6
海南	137.9	93.4	44.5	214.1	125.4	88.7	236.3	176.1	60.1
重庆	43.5	31.8	11.7	453.9	232.2	221.7	45.0	35.1	9.9
四川	151.5	104.1	47.4	2 269.9	1 122.4	1 147.4	163.8	103.8	59.9
贵州	54.2	37.0	17.2	421.5	245.7	175.8	28.2	17.8	10.4
云南	225.8	151.3	74.5	913.0	498.9	414.0	63.1	38.8	24.3
西藏	2.6	1.6	0.9	59.0	41.7	17.3	0.2	0.1	0.2
陕西	58.4	37.2	21.3	598.7	322.9	275.8	14.6	8.3	6.3
甘肃	20.1	9.3	10.7	231.7	158.0	73.7	1.8	1.2	0.6
青海	4.6	2.9	1.6	137.1	101.3	35.8	0.6	0.4	0.1
宁夏	9.8	3.4	6.3	105.7	44.8	60.9	13.4	5.1	8.2
新疆	43.0	22.5	20.5	485.4	281.5	203.9	15.3	6.5	8.7

2-4　各地区分部门农林牧渔业增加值

（按当年价格计算）

单位：亿元

地　区	合计	农业	林业	牧业	渔业
全国总计	**52 373.6**	**30 216.1**	**2 281.3**	**13 128.4**	**5 266.9**
北　京	150.2	76.0	23.5	44.1	4.5
天　津	171.6	95.1	1.6	44.0	29.4
河　北	3 186.7	2 093.2	55.7	825.3	105.1
山　西	698.3	479.3	32.2	149.6	4.6
内蒙古	1 448.6	764.6	67.2	578.8	17.4
辽　宁	2 155.8	930.1	75.2	655.1	402.3
吉　林	1 412.1	772.2	61.4	516.6	20.9
黑龙江	2 113.7	1 478.1	62.3	506.5	29.2
上　海	127.8	73.7	3.0	25.8	21.4
江　苏	3 418.3	2 031.3	55.2	490.5	682.3
浙　江	1 667.9	887.8	103.8	248.7	402.6
安　徽	2 178.7	1 151.8	145.9	554.4	253.4
福　建	1 776.7	797.1	165.1	250.7	504.3
江　西	1 520.2	667.0	177.5	397.3	233.2
山　东	4 281.7	2 329.9	75.5	946.7	771.2
河　南	3 769.5	2 315.8	84.9	1 233.5	58.3
湖　北	2 848.8	1 594.8	50.6	765.7	379.5
湖　南	3 004.2	1 857.1	192.3	675.8	182.2
广　东	2 847.3	1 555.7	166.0	514.4	546.5
广　西	2 172.6	1 181.9	187.7	530.0	225.1
海　南	711.5	298.6	93.4	125.4	176.1
重　庆	940.0	628.4	31.8	232.2	35.1
四　川	3 297.2	1 915.5	104.1	1 122.4	103.8
贵　州	891.9	561.3	37.0	245.7	17.8
云　南	1 654.6	935.0	151.3	498.9	38.8
西　藏	80.3	35.0	1.6	41.7	0.1
陕　西	1 370.2	944.1	37.2	322.9	8.3
甘　肃	780.5	580.7	9.3	158.0	1.2
青　海	176.8	69.5	2.9	101.3	0.4
宁　夏	199.4	135.9	3.4	44.8	5.1
新　疆	1 320.6	979.9	22.5	281.5	6.5

2-5 各地区分部门农林牧渔业增加值构成

（按当年价格计算）

单位：%

地区	合计	农业	林业	牧业	渔业
全国总计	**100.0**	**57.7**	**4.4**	**25.1**	**10.1**
北京	100.0	50.6	15.6	29.4	3.0
天津	100.0	55.4	1.0	25.6	17.1
河北	100.0	65.7	1.7	25.9	3.3
山西	100.0	68.6	4.6	21.4	0.7
内蒙古	100.0	52.8	4.6	40.0	1.2
辽宁	100.0	43.1	3.5	30.4	18.7
吉林	100.0	54.7	4.3	36.6	1.5
黑龙江	100.0	69.9	2.9	24.0	1.4
上海	100.0	57.7	2.3	20.2	16.7
江苏	100.0	59.4	1.6	14.3	20.0
浙江	100.0	53.2	6.2	14.9	24.1
安徽	100.0	52.9	6.7	25.4	11.6
福建	100.0	44.9	9.3	14.1	28.4
江西	100.0	43.9	11.7	26.1	15.3
山东	100.0	54.4	1.8	22.1	18.0
河南	100.0	61.4	2.3	32.7	1.5
湖北	100.0	56.0	1.8	26.9	13.3
湖南	100.0	61.8	6.4	22.5	6.1
广东	100.0	54.6	5.8	18.1	19.2
广西	100.0	54.4	8.6	24.4	10.4
海南	100.0	42.0	13.1	17.6	24.8
重庆	100.0	66.8	3.4	24.7	3.7
四川	100.0	58.1	3.2	34.0	3.1
贵州	100.0	62.9	4.2	27.5	2.0
云南	100.0	56.5	9.1	30.2	2.3
西藏	100.0	43.6	2.0	51.9	0.1
陕西	100.0	68.9	2.7	23.6	0.6
甘肃	100.0	74.4	1.2	20.2	0.2
青海	100.0	39.3	1.7	57.3	0.3
宁夏	100.0	68.1	1.7	22.5	2.6
新疆	100.0	74.2	1.7	21.3	0.5

2-6　各地区分部门农林牧渔业增加值率

（以该部门总产值为 100）

单位：%

地　区	农林牧渔业	农业	林业	牧业	渔业
全国总计	**58.5**	**64.4**	**66.2**	**48.3**	**60.5**
北　京	38.0	45.7	42.9	28.6	35.0
天　津	45.7	48.5	58.8	41.9	47.6
河　北	59.7	67.6	71.6	47.2	59.1
山　西	53.5	56.6	40.7	50.0	55.0
内蒙古	59.1	65.2	68.8	51.7	66.6
辽　宁	53.1	60.4	58.5	40.4	65.0
吉　林	56.4	66.2	62.6	45.7	61.3
黑龙江	53.5	63.8	46.3	37.5	37.5
上　海	39.7	43.0	31.1	35.6	37.2
江　苏	58.8	68.5	55.4	40.0	55.2
浙　江	62.7	72.2	73.0	45.3	58.6
安　徽	58.4	61.7	69.7	49.5	65.9
福　建	59.1	63.1	64.4	52.1	55.8
江　西	63.4	66.5	77.5	52.8	70.0
山　东	53.9	58.8	70.6	41.4	60.9
河　南	56.4	58.5	60.3	54.7	67.5
湖　北	60.2	64.1	50.6	57.4	60.6
湖　南	61.3	70.0	74.0	45.4	65.1
广　东	61.1	69.8	74.5	45.4	59.8
广　西	62.2	68.6	76.5	49.4	67.9
海　南	65.8	64.8	67.7	58.6	74.5
重　庆	67.0	74.6	73.0	51.2	78.0
四　川	60.7	69.3	68.7	49.4	63.4
贵　州	62.1	64.9	68.3	58.3	63.2
云　南	61.7	66.9	67.0	54.7	61.5
西　藏	67.8	65.5	63.7	70.6	29.9
陕　西	59.5	61.9	63.6	53.9	57.0
甘　肃	57.5	59.0	46.5	68.2	68.8
青　海	67.0	59.3	64.1	73.9	79.7
宁　夏	51.8	56.5	35.3	42.4	38.5
新　疆	58.0	58.5	52.3	58.0	42.7

2-7 各地区分部门农林牧渔业中间消耗

(按当年价格计算)

单位：亿元

地区	合计	农业	林业	牧业	渔业
全国总计	**37 079.4**	**16 724.3**	**1 165.8**	**14 061.0**	**3 439.1**
北京	245.5	90.3	31.3	110.0	8.4
天津	204.0	100.9	1.1	61.0	32.3
河北	2 153.4	1 002.1	22.1	922.4	72.7
山西	605.9	368.2	46.9	149.3	3.8
内蒙古	1 000.8	407.4	30.5	540.1	8.7
辽宁	1 906.6	609.6	53.4	966.1	216.4
吉林	1 089.9	394.4	36.7	613.8	13.2
黑龙江	1 838.6	837.5	72.2	844.2	48.7
上海	193.9	97.8	6.6	46.8	36.1
江苏	2 390.5	935.4	44.5	735.7	553.1
浙江	990.8	341.6	38.4	300.3	284.4
安徽	1 549.6	715.9	63.6	565.4	131.0
福建	1 230.7	466.6	91.4	230.5	399.1
江西	879.0	336.2	51.4	355.4	99.9
山东	3 664.0	1 630.7	31.5	1 339.2	495.8
河南	2 909.5	1 643.1	55.9	1 022.1	28.1
湖北	1 883.3	893.2	49.4	568.3	246.7
湖南	1 899.9	794.6	67.7	812.8	97.7
广东	1 809.6	673.5	56.8	619.7	367.5
广西	1 318.1	542.1	57.6	542.8	106.6
海南	370.6	162.1	44.5	88.7	60.1
重庆	462.0	213.4	11.7	221.7	9.9
四川	2 136.0	849.4	47.4	1 147.4	59.9
贵州	544.7	303.5	17.2	175.8	10.4
云南	1 025.7	463.2	74.5	414.0	24.3
西藏	38.0	18.4	0.9	17.3	0.2
陕西	933.0	582.2	21.3	275.8	6.3
甘肃	577.6	403.6	10.7	73.7	0.6
青海	87.1	47.6	1.6	35.8	0.1
宁夏	185.7	104.6	6.3	60.9	8.2
新疆	955.1	695.1	20.5	203.9	8.7

2-8　各地区畜牧业分项产值

（按当年价格计算）

单位：亿元

地　区	牧业产值	牲畜饲养	牛	羊	奶产品
全国总计	**27 189.4**	**6 559.6**	**2 653.6**	**2 010.0**	**1 335.2**
北　京	154.2	41.8	11.7	7.0	22.2
天　津	105.0	34.2	8.0	2.7	23.4
河　北	1 747.7	604.9	238.2	189.9	163.6
山　西	298.8	103.8	27.4	40.1	27.1
内蒙古	1 118.9	884.6	137.2	393.7	305.3
辽　宁	1 621.2	489.8	225.8	90.7	46.4
吉　林	1 130.4	405.6	219.3	28.5	15.9
黑龙江	1 350.7	599.0	252.1	144.5	181.5
上　海	72.6	16.1		3.8	12.0
江　苏	1 226.2	92.6	11.9	46.4	25.1
浙　江	549.0	21.5	3.0	9.7	8.5
安　徽	1 119.7	160.5	76.1	74.8	7.8
福　建	481.3	36.7	11.1	14.8	10.8
江　西	752.7	60.8	45.9	3.9	7.0
山　东	2 285.9	429.5	204.7	122.1	97.2
河　南	2 255.6	765.9	420.0	172.3	111.7
湖　北	1 334.0	119.1	72.0	23.1	7.2
湖　南	1 488.6	89.3	44.0	41.9	3.3
广　东	1 134.1	27.0	16.0	2.7	8.2
广　西	1 072.8	67.5	52.7	10.3	4.4
海　南	214.1	19.0	13.4	5.0	
重　庆	453.9	29.2	19.3	6.5	3.0
四　川	2 269.9	257.2	106.2	112.6	27.0
贵　州	421.5	85.3	64.3	18.4	2.3
云　南	913.0	158.6	99.4	40.5	14.5
西　藏	59.0	55.8	31.8	11.7	7.7
陕　西	598.7	213.2	50.6	57.8	90.7
甘　肃	231.7	120.6	48.4	48.9	16.0
青　海	137.1	109.2	32.0	55.0	18.3
宁　夏	105.7	81.3	26.4	23.8	28.4
新　疆	485.4	380.3	84.5	206.5	38.8

2-8　续表

单位：亿元

地　区	猪的饲养	家禽饲养			狩猎和捕猎动物	其他畜牧业
			肉禽	禽蛋		
全国总计	**12 435.9**	**6 895.5**	**4 080.2**	**2 773.9**	**29.0**	**1 266.0**
北　京	52.8	51.2	30.9	20.3		8.4
天　津	40.9	29.8	15.9	14.0		
河　北	560.5	454.7	135.1	319.6		127.6
山　西	118.4	69.2	14.7	54.5		7.4
内蒙古	148.7	82.7	40.2	42.5		2.9
辽　宁	464.8	576.8	313.4	263.4	1.0	88.7
吉　林	366.4	342.4	264.0	78.4	2.6	13.4
黑龙江	490.7	232.1	119.6	112.5		28.9
上　海	38.9	15.0	9.8	5.2		2.5
江　苏	464.8	540.5	326.7	210.1	2.0	126.4
浙　江	381.3	96.5	58.0	38.5	1.7	48.2
安　徽	585.1	314.0	185.2	128.7	4.6	55.5
福　建	326.7	95.1	73.9	21.2	3.3	19.6
江　西	485.0	184.4	127.7	56.8	2.9	19.6
山　东	924.4	727.5	363.6	363.8	1.3	203.2
河　南	963.6	470.4	160.4	308.0	1.6	54.2
湖　北	865.0	341.7	182.8	158.9	0.5	7.8
湖　南	1 017.0	334.7	145.8	189.0	4.2	43.3
广　东	617.9	428.9	393.1	35.8	1.9	58.4
广　西	560.6	318.9	295.4	23.5		125.8
海　南	114.8	70.6	67.2	3.4		9.4
重　庆	250.8	141.7	96.4	45.3		32.2
四　川	1 198.4	677.8	478.4	163.8		136.1
贵　州	273.9	60.4	46.3	14.1		1.8
云　南	635.9	104.9	86.8	18.1		13.5
西　藏	2.4	0.9		0.6		
陕　西	288.2	71.6	24.0	47.6		25.3
甘　肃	93.8	15.9	6.8	9.1		1.4
青　海	20.4	3.8	1.8	2.0		
宁　夏	15.6	8.3	3.5	4.8		0.5
新　疆	68.4	33.1	12.7	20.5		3.4

2-9　全国饲养业产品成本与收益

项　目	单位	生猪平均		规模养猪平均		农户散养生猪	
		2011年	2012年	2011年	2012年	2011年	2012年
每头（百只）							
主产品产量	千克	112.27	114.49	111.85	114.24	112.69	114.74
产值合计	元	1 940.70	1 733.42	1 927.53	1 721.02	1 953.87	1 745.80
主产品产值	元	1 925.08	1 718.02	1 913.56	1 707.43	1 936.60	1 728.60
副产品产值	元	15.62	15.40	13.97	13.59	17.27	17.20
总成本	元	1 523.29	1 683.04	1 470.05	1 587.56	1 576.30	1 778.15
生产成本	元	1 521.98	1 681.58	1 467.46	1 584.92	1 576.27	1 777.87
物质与服务费用	元	1 314.24	1 410.13	1 353.64	1 446.51	1 274.74	1 373.61
人工成本	元	207.74	271.45	113.82	138.41	301.53	404.26
家庭用工折价	元	186.60	248.64	71.60	92.79	301.48	404.26
雇工费用	元	21.14	22.81	42.22	45.62	0.05	0.00
土地成本	元	1.31	1.46	2.59	2.64	0.03	0.28
净利润	元	417.41	50.38	457.48	133.46	377.57	−32.35
成本利润率	%	27.40	2.99	31.12	8.41	23.95	−1.82
每50千克主产品							
平均出售价格	元	857.34	750.29	855.41	747.30	859.26	753.27
总成本	元	672.94	728.48	652.39	689.35	693.21	767.23
生产成本	元	672.36	727.85	651.24	688.20	693.20	767.11
净利润	元	184.40	21.81	203.02	57.95	166.05	−13.96
附：							
每核算单位用工数量	日	5.03	4.79	2.52	2.34	7.54	7.22
平均饲养天数	日	151.46	152.63	141.22	142.66	161.69	162.59

2-9 续表1

项　目	单位	奶牛平均		规模奶牛平均		农户散养奶牛	
		2011年	2012年	2011年	2012年	2011年	2012年
每头（百只）							
主产品产量	千克	5 464.90	5 516.34	5 715.56	5 799.87	5 214.23	5 232.80
产值合计	元	19 378.44	21 189.05	20 856.21	22 637.71	17 900.65	19 740.37
主产品产值	元	17 849.31	19 464.74	19 238.88	20 819.71	16 459.73	18 109.76
副产品产值	元	1 529.13	1 724.31	1 617.33	1 818.00	1 440.92	1 630.61
总成本	元	14 425.70	16 242.27	16 047.22	18 102.29	12 803.91	14 382.18
生产成本	元	14 380.52	16 197.71	15 997.35	18 045.37	12 763.42	14 349.99
物质与服务费用	元	12 367.61	13 625.36	14 035.32	15 730.95	10 699.80	11 519.66
人工成本	元	2 012.91	2 572.35	1 962.03	2 314.42	2 063.62	2 830.33
家庭用工折价	元	1 245.20	1 686.44	468.40	635.21	2 021.84	2 737.73
雇工费用	元	767.71	885.91	1 493.63	1 679.21	41.78	92.60
土地成本	元	45.18	44.56	49.87	56.92	40.49	32.19
净利润	元	4 952.74	4 946.78	4 808.99	4 535.42	5 096.74	5 358.19
成本利润率	%	34.33	30.46	29.97	25.05	39.81	37.26
每50千克主产品							
平均出售价格	元	163.31	176.43	168.30	179.48	157.83	173.04
总成本	元	121.57	135.24	129.49	143.52	112.89	126.07
生产成本	元	121.19	134.87	129.09	143.07	112.54	125.79
净利润	元	41.74	41.19	38.81	35.96	44.94	46.97
附：							
每核算单位用工数量	日	42.78	42.00	34.31	33.99	51.24	50.01
平均饲养天数	日	365.00	365.00	365.00	365.00	365.00	365.00

2-9　续表 2

项　目	单位	规模养殖蛋鸡平均		规模养殖肉鸡平均	
		2011 年	2012 年	2011 年	2012 年
每头（百只）					
主产品产量	千克	1 719.29	1 732.85	230.33	243.04
产值合计	元	16 160.77	15 900.81	2 673.16	2 726.36
主产品产值	元	14 045.48	13 886.19	2 648.24	2 700.20
副产品产值	元	2 115.29	2 014.62	24.92	26.16
总成本	元	14 322.93	15 338.31	2 453.78	2 580.34
生产成本	元	14 300.76	15 311.18	2 448.19	2 575.22
物质与服务费用	元	13 523.63	14 324.87	2 280.51	2 354.18
人工成本	元	777.13	986.31	167.68	221.04
家庭用工折价	元	480.28	647.53	120.12	165.93
雇工费用	元	296.85	338.78	47.56	55.11
土地成本	元	22.17	27.13	5.59	5.12
净利润	元	1 837.84	562.50	219.38	146.02
成本利润率	%	12.83	3.67	8.94	5.66
每 50 千克主产品					
平均出售价格	元	408.47	400.67	574.88	555.51
总成本	元	362.02	386.50	527.70	525.76
生产成本	元	361.46	385.81	526.50	524.71
净利润	元	46.45	14.17	47.18	29.75
附：					
每核算单位用工数量	日	16.80	16.21	3.75	3.71
平均饲养天数	日	354.86	356.40	67.18	65.80

2－10 农村居民总收入

单位：元/人

年份	总收入	工资性收入	家庭经营收入	财产性收入	转移性收入
1978	151.8	88.4	54.0		9.4
1980	216.9	106.4	87.4		23.1
1985	547.3	72.2	445.3		29.9
1990	990.4	138.8	815.8		35.8
1991	1 046.1	151.9	854.7		39.5
1992	1 155.4	184.4	925.7		45.3
1993	1 333.8	194.5	1 083.6	7.0	48.7
1994	1 789.4	263.0	1 442.7	28.6	55.2
1995	2 337.9	353.7	1 877.4	41.0	65.8
1996	2 806.7	450.8	2 233.7	42.6	79.6
1997	2 977.2	514.6	2 346.7	23.6	92.4
1998	2 995.5	573.6	2 286.8	30.4	104.7
1999	2 987.4	630.3	2 211.6	31.5	114.1
2000	3 146.2	702.3	2 251.3	45.0	147.6
2001	3 306.9	771.9	2 325.2	47.0	162.8
2002	3 431.7	840.2	2 380.5	52.5	158.4
2003	3 582.4	918.4	2 455.0	65.8	143.3
2004	4 039.6	998.5	2 804.5	76.6	160.0
2005	4 631.2	1 174.5	3 164.4	88.5	203.8
2006	5 025.1	1 374.8	3 310.0	100.5	239.8
2007	5 791.1	1 596.2	3 776.7	128.2	290.0
2008	6 700.7	1 853.7	4 302.1	148.1	396.8
2009	7 115.6	2 061.3	4 404.0	167.2	483.1
2010	8 119.5	2 431.1	4 937.5	202.3	548.7
2011	9 833.1	2 963.4	5 939.8	228.6	701.4
2012	10 990.7	3 447.5	6 461.0	249.1	833.2

注：1992 年以前专业性收入为财产性收入与转入性收入合计，下表同。

2-11　农村居民总收入和纯收入

单位：元/人

指　　标	1990年	1995年	2000年	2011年	2012年	2012年为下列各年%	
						1990年	2011年
一、总收入	990.4	2 337.9	3 146.2	9 833.1	10 990.7	1 109.7	111.8
工资性收入	138.8	353.7	702.3	2 963.4	3 447.5	2 483.8	116.3
家庭经营收入	815.8	1 877.4	2 251.3	5 939.8	6 461.0	792.0	108.8
财产性收入		41.0	45.0	228.6	249.1		109.0
转移性收入	35.8	65.8	147.6	701.4	833.2	2 328.0	118.8
二、纯收入	686.3	1 577.7	2 253.4	6 977.3	7 916.6	1 153.5	113.5
（一）工资性收入	138.8	353.7	702.3	2 963.4	3 447.5	2 483.8	116.3
（二）家庭经营纯收入	518.6	1 125.8	1 427.3	3 222.0	3 533.4	681.4	109.7
1. 第一产业收入	456.0	956.5	1 090.7	2 519.9	2 722.2	596.9	108.0
农业收入	344.6	799.4	833.9	1 896.7	2 106.8	611.4	111.1
林业收入	7.5	13.5	22.4	99.5	103.7	1 377.8	104.3
牧业收入	96.8	127.8	207.4	462.5	441.0	455.5	95.3
渔业收入	7.1	15.7	27.0	61.2	70.7	993.7	115.4
2. 第二产业收入	21.3	48.2	99.4	192.6	213.7	1 002.0	110.9
工业收入	9.2	13.6	52.7	104.7	118.2	1 292.0	112.9
建筑业收入	12.2	34.5	46.7	87.9	95.5	784.1	108.6
3. 第三产业收入	41.2	121.2	237.2	509.4	597.4	1 450.8	117.3
交通、运输和邮电业收入	13.5	27.8	63.6	153.0	180.1	1 339.0	117.7
批发零售贸易、餐饮业收入	12.7	34.3	78.5	244.1	290.7	2 291.0	119.1
社会服务业收入	6.6	17.2	28.1	57.0	67.4	1 028.8	118.3
文教卫生业收入			6.9	22.6	26.5		117.5
其他家庭经营收入	8.5	42.0	60.1	32.8	32.7	385.3	99.9
（三）财产性和转移性收入	29.0	98.3	123.9	791.9	935.8	3 231.2	118.2

2－12 农村居民现金收入

单位：元/人

年份	现金收入	工资性收入	家庭经营收入	财产性收入	转移性收入
1978	63.9	25.4	29.7		8.8
1980	113.1	40.2	57.4		15.5
1985	357.4	68.9	251.7		36.8
1990	676.7	136.4	481.2		59.1
1991	736.8	148.9	523.3		64.7
1992	808.2	179.4	552.8		76.0
1993	910.2	192.8	629.6		87.8
1994	1 233.5	261.6	869.0	28.9	74.1
1995	1 595.6	352.9	1 116.7	38.2	87.8
1996	1 927.1	447.4	1 322.6	44.7	112.3
1997	2 131.2	512.4	1 446.9	45.2	126.8
1998	2 163.6	573.7	1 393.3	54.9	141.7
1999	2 206.7	628.4	1 380.2	43.5	154.6
2000	2 381.6	700.4	1 498.8	38.9	143.5
2001	2 534.7	769.8	1 565.5	41.1	158.4
2002	2 713.0	839.2	1 653.7	47.7	172.5
2003	2 919.5	916.7	1 822.1	54.0	136.8
2004	3 234.2	997.6	2 019.8	62.6	154.2
2005	3 915.5	1 173.1	2 472.3	71.8	198.3
2006	4 301.9	1 373.8	2 609.4	83.8	235.0
2007	4 958.4	1 595.3	2 978.3	101.0	283.9
2008	5 737.0	1 850.6	3 370.5	127.0	389.0
2009	6 270.2	2 057.8	3 590.8	148.4	473.2
2010	7 088.8	2 427.9	3 955.4	168.3	537.2
2011	8 638.5	2 959.7	4 810.4	185.8	682.6
2012	9 787.2	3 443.5	5 313.1	219.3	811.2

2-13 农村居民现金收入构成

单位：元/人

年份	现金收入	工资性收入	家庭经营收入	财产性收入	转移性收入
1978	100.0	39.7	46.5		13.8
1980	100.0	35.5	50.8		13.7
1985	100.0	19.3	70.4		10.3
1990	100.0	20.2	71.1		8.7
1991	100.0	20.2	71.0		8.8
1992	100.0	22.2	68.4		9.4
1993	100.0	21.2	69.2		9.6
1994	100.0	21.2	70.4	2.3	6.0
1995	100.0	22.1	70.0	2.4	5.5
1996	100.0	23.2	68.6	2.3	5.8
1997	100.0	24.0	67.9	2.1	5.9
1998	100.0	26.5	64.4	2.5	6.5
1999	100.0	28.5	62.5	2.0	7.0
2000	100.0	29.4	62.9	1.6	6.0
2001	100.0	30.4	61.8	1.6	6.2
2002	100.0	30.9	61.0	1.8	6.4
2003	100.0	31.4	62.4	1.8	4.7
2004	100.0	30.8	62.5	1.9	4.8
2005	100.0	30.0	63.1	1.8	5.1
2006	100.0	31.9	60.7	1.9	5.5
2007	100.0	32.2	60.1	2.0	5.7
2008	100.0	32.3	58.8	2.2	6.8
2009	100.0	32.8	57.3	2.4	7.5
2010	100.0	34.2	55.8	2.4	7.6
2011	100.0	34.3	55.7	2.2	7.9
2012	100.0	35.2	54.3	2.2	8.3

2－14 农村居民纯收入

单位：元/人

年份	纯收入合计	扣除价格因素实际比上年增长%	工资性收入	家庭经营纯收入	财产性收入	转移性收入
1949	43.8					
1952	57.0					
1957	73.0		43.4	21.5		8.1
1965	107.2		63.2	33.3		10.7
1978	133.6		88.3	35.8		9.5
1980	191.3	16.6	106.4	62.6		22.4
1985	397.6	7.8	72.2	296.0		29.5
1990	686.3	1.8	138.8	518.6		29.0
1991	708.6	2.0	151.9	523.6		33.0
1992	784.0	5.9	184.4	561.6		38.0
1993	921.6	3.2	194.5	678.5	7.0	41.6
1994	1 221.0	5.0	263.0	881.9	28.6	47.6
1995	1 577.7	5.3	353.7	1 125.8	41.0	57.3
1996	1 926.1	9.0	450.8	1 362.5	42.6	70.2
1997	2 090.1	4.6	514.6	1 472.7	23.6	79.3
1998	2 162.0	4.3	573.6	1 466.0	30.4	92.0
1999	2 210.3	3.8	630.3	1 448.4	31.6	100.2
2000	2 253.4	2.1	702.3	1 427.3	45.0	78.8
2001	2 366.4	4.2	771.9	1 459.6	47.0	87.9
2002	2 475.6	4.8	840.2	1 486.5	50.7	98.2
2003	2 622.2	4.3	918.4	1 541.3	65.8	96.8
2004	2 936.4	6.8	998.5	1 745.8	76.6	115.5
2005	3 254.9	6.2	1 174.5	1 844.5	88.5	147.4
2006	3 587.0	7.4	1 374.8	1 931.0	100.5	180.8
2007	4 140.4	9.5	1 596.2	2 193.7	128.2	222.3
2008	4 760.6	8.0	1 853.7	2 435.6	148.1	323.2
2009	5 153.2	8.5	2 061.3	2 526.8	167.2	397.9
2010	5 919.0	10.9	2 431.1	2 832.8	202.2	452.9
2011	6 977.3	11.4	2 963.4	3 222.0	228.6	563.3
2012	7 916.6	10.7	3 447.5	3 533.4	249.1	686.7

注：1983 年以前的工资性收入包括集体分配收入，1992 年以前的转移性收入包括财产性收入。

2-15　各地区农村居民纯收入

单位：元/人

地　区	1990年	1995年	2000年	2011年	2012年	2012年为下列各年%	
						1990年	2011年
全国总计	**686.3**	**1 577.7**	**2 253.4**	**6 977.3**	**7 916.6**	**1 153.5**	**113.5**
北　京	1 297.1	3 223.7	4 604.5	14 735.7	16 475.7	1 270.2	111.8
天　津	1 069.0	2 406.4	3 622.4	12 321.2	14 025.5	1 312.0	113.8
河　北	621.7	1 668.7	2 478.9	7 119.7	8 081.4	1 299.9	113.5
山　西	603.5	1 208.3	1 905.6	5 601.4	6 356.6	1 053.3	113.5
内蒙古	607.2	1 208.4	2 038.2	6 641.6	7 611.3	1 253.6	114.6
辽　宁	836.2	1 756.5	2 355.6	8 296.5	9 383.7	1 122.2	113.1
吉　林	803.5	1 609.6	2 022.5	7 510.0	8 598.2	1 070.1	114.5
黑龙江	759.9	1 766.3	2 148.2	7 590.7	8 603.8	1 132.3	113.3
上　海	1 907.3	4 245.6	5 596.4	16 053.8	17 803.7	933.4	110.9
江　苏	959.1	2 456.9	3 595.1	10 805.0	12 202.0	1 272.3	112.9
浙　江	1 099.0	2 966.2	4 253.7	13 070.7	14 551.9	1 324.1	111.3
安　徽	539.2	1 302.8	1 934.6	6 232.2	7 160.5	1 328.1	114.9
福　建	764.4	2 048.6	3 230.5	8 778.6	9 967.2	1 303.9	113.5
江　西	669.9	1 537.4	2 135.3	6 891.6	7 829.4	1 168.7	113.6
山　东	680.2	1 715.1	2 659.2	8 342.1	9 446.5	1 388.8	113.2
河　南	527.0	1 232.0	1 985.8	6 604.0	7 524.9	1 428.0	113.9
湖　北	670.8	1 511.2	2 268.6	6 897.9	7 851.7	1 170.5	113.8
湖　南	664.2	1 425.2	2 197.2	6 567.1	7 440.2	1 120.1	113.3
广　东	1 043.0	2 699.2	3 654.5	9 371.7	10 542.8	1 010.8	112.5
广　西	639.5	1 446.1	1 864.5	5 231.3	6 007.5	939.5	114.8
海　南	696.2	1 519.7	2 182.3	6 446.0	7 408.0	1 064.0	114.9
重　庆			1 892.5	6 480.4	7 383.3		113.9
四　川	557.8	1 158.3	1 903.6	6 128.6	7 001.4	1 255.3	114.2
贵　州	435.1	1 086.6	1 374.2	4 145.4	4 753.0	1 092.3	114.7
云　南	540.9	1 011.0	1 478.6	4 722.0	5 416.5	1 001.5	114.7
西　藏	649.7	1 200.3	1 330.8	4 904.3	5 719.4	880.3	116.6
陕　西	530.8	962.9	1 443.9	5 027.9	5 762.5	1 085.6	114.6
甘　肃	431.0	880.3	1 428.7	3 909.4	4 506.7	1 045.7	115.3
青　海	559.8	1 029.8	1 490.5	4 608.5	5 364.4	958.3	116.4
宁　夏	578.1	998.8	1 724.3	5 410.0	6 180.3	1 069.0	114.2
新　疆	683.5	1 136.5	1 618.1	5 442.2	6 393.7	935.5	117.5

2－16　各地区农村居民人均纯收入位次

单位：元/人

地区	1995年		2000年		2011年		2012年	
	实际数	位次	实际数	位次	实际数	位次	实际数	位次
全国总计	**1 577.7**		**2 253.4**		**6 977.3**		**7 916.6**	
北京	3 223.7	2	4 604.6	2	14 735.7	2	16 475.7	2
天津	2 406.4	6	3 622.4	5	12 321.2	4	14 025.5	4
河北	1 668.7	11	2 478.9	9	7 119.7	12	8 081.4	12
山西	1 208.3	22	1 905.6	20	5 601.4	22	6 356.6	23
内蒙古	1 208.4	21	2 038.2	16	6 641.6	15	7 611.3	15
辽宁	1 756.5	9	2 355.6	10	8 296.5	9	9 383.7	9
吉林	1 609.6	12	2 022.5	17	7 510.0	11	8 598.2	11
黑龙江	1 766.3	8	2 148.2	14	7 590.7	10	8 603.8	10
上海	4 245.6	1	5 596.4	1	16 053.8	1	17 803.7	1
江苏	2 456.9	5	3 595.1	6	10 805.0	5	12 202.0	5
浙江	2 966.2	3	4 253.7	3	13 070.7	3	14 551.9	3
安徽	1 302.8	18	1 934.6	19	6 232.2	20	7 160.5	20
福建	2 048.6	7	3 230.5	7	8 778.6	7	9 967.2	7
江西	1 537.4	13	2 135.3	15	6 891.6	14	7 829.4	14
山东	1 715.1	10	2 659.2	8	8 342.1	8	9 446.5	8
河南	1 232.0	20	1 985.8	18	6 604.0	16	7 524.9	16
湖北	1 511.2	15	2 268.6	11	6 897.9	13	7 851.7	13
湖南	1 425.2	17	2 197.2	12	6 567.1	17	7 440.2	17
广东	2 699.2	4	3 654.5	4	9 371.7	6	10 542.8	6
广西	1 446.1	16	1 864.5	23	5 231.3	25	6 007.5	25
海南	1 519.7	14	2 182.3	13	6 446.0	19	7 408.0	18
重庆	1 270.4	19	1 892.4	22	6 480.4	18	7 383.3	19
四川	1 158.3	24	1 903.6	21	6 128.6	21	7 001.4	21
贵州	1 086.6	26	1 374.2	30	4 145.4	30	4 753.0	30
云南	1 011.0	28	1 478.6	27	4 722.0	28	5 416.5	28
西藏	1 200.3	23	1 330.8	31	4 904.3	27	5 719.4	27
陕西	962.9	30	1 443.9	28	5 027.9	26	5 762.5	26
甘肃	880.3	31	1 428.7	29	3 909.4	31	4 506.7	31
青海	1 029.8	27	1 490.5	26	4 608.5	29	5 364.4	29
宁夏	998.8	29	1 724.3	24	5 410.0	24	6 180.3	24
新疆	1 136.5	25	1 618.1	25	5 442.2	23	6 393.7	22

2-17 农村居民主要畜产品消费量

单位：千克/人

年份	猪牛羊肉			禽类	禽蛋及制品
		猪肉	牛羊肉		
1954	4.6	3.7	0.9		0.8
1957	4.5	3.5	1.1		0.8
1962	2.7	1.8	0.9		0.5
1965	4.8	3.8	1.0		0.9
1978	5.8	5.2	0.6	0.3	0.8
1980	7.7	7.3	0.5	0.7	1.2
1985	11.0	10.3	0.7	1.0	2.1
1990	11.3	10.5	0.8	1.3	2.4
1991	12.2	11.2	1.0	1.3	2.7
1992	11.8	10.9	1.0	1.5	2.9
1993	11.7	10.9	0.8	1.6	2.9
1994	11.0	10.2	0.8	1.6	3.0
1995	11.3	10.6	0.7	1.8	3.2
1996	12.9	11.9	1.1	1.9	3.4
1997	12.7	11.5	1.3	2.4	4.1
1998	13.2	11.9	1.3	2.3	4.1
1999	13.9	12.7	1.2	2.5	4.3
2000	14.4	13.3	1.1	2.8	4.8
2001	14.5	13.4	1.2	2.9	4.7
2002	14.9	13.7	1.2	2.9	4.7
2003	15.0	13.8	1.3	3.2	4.8
2004	14.8	13.5	1.3	3.1	4.6
2005	17.1	15.6	1.5	3.7	4.7
2006	17.0	15.5	1.6	3.5	5.0
2007	14.9	13.4	1.5	3.9	4.7
2008	13.9	12.6	1.3	4.4	5.4
2009	15.3	14.0	1.4	4.2	5.3
2010	15.8	14.4	1.4	4.2	5.1
2011	16.3	14.4	1.9	4.5	5.4
2012	16.4	14.4	2.0	4.5	5.9

2－18 各地区农村居民主要畜产品消费量

单位：千克/人

地 区	猪肉		牛羊肉		禽类		禽蛋及制品	
	2011 年	2012 年	2011 年	2012 年	2011 年	2012 年	2011 年	2012 年
全国总计	**14.4**	**14.4**	**1.9**	**2.0**	**4.5**	**4.5**	**5.4**	**5.9**
北 京	15.0	14.9	4.5	4.2	4.0	4.0	10.8	11.1
天 津	12.5	12.2	2.4	2.7	1.9	1.8	11.0	12.8
河 北	8.5	9.3	0.9	0.9	1.4	1.3	9.0	10.4
山 西	6.5	6.4	0.5	0.5	1.3	1.1	7.8	7.8
内 蒙 古	19.9	20.2	6.3	6.0	3.5	3.5	5.1	6.4
辽 宁	14.2	15.2	0.7	0.7	1.5	1.5	8.3	8.5
吉 林	12.2	12.9	1.0	0.8	4.2	4.3	8.7	7.9
黑 龙 江	9.5	10.0	1.1	0.9	3.7	3.4	6.2	6.3
上 海	19.9	20.1	1.7	1.6	8.6	9.5	8.6	8.9
江 苏	13.4	13.7	1.3	1.2	5.9	5.7	6.4	7.0
浙 江	16.2	15.7	1.5	1.3	6.4	6.1	5.2	5.6
安 徽	10.7	10.9	0.8	0.7	5.4	6.1	6.1	7.2
福 建	18.0	18.7	1.0	0.9	8.1	7.9	5.1	5.3
江 西	13.1	13.4	0.6	0.5	4.0	3.7	4.6	4.2
山 东	8.4	8.9	0.6	0.5	3.2	3.3	10.8	12.3
河 南	6.2	6.6	0.4	0.4	2.5	2.3	7.9	9.1
湖 北	17.4	17.6	0.7	0.5	3.2	2.9	5.0	5.0
湖 南	18.0	17.7	0.7	0.5	6.5	6.1	4.7	4.9
广 东	25.5	25.8	0.6	0.6	13.0	13.2	3.3	3.4
广 西	16.1	15.9	0.6	0.3	10.6	10.7	1.8	2.2
海 南	16.4	17.2	1.2	1.1	14.4	14.0	1.8	2.4
重 庆	23.5	22.9	0.3	0.3	4.1	3.7	5.5	5.2
四 川	25.9	25.7	0.8	0.4	5.9	5.9	4.7	4.9
贵 州	23.0	21.0	0.3	0.2	2.1	2.0	1.9	2.3
云 南	27.6	26.3	0.9	0.8	5.3	5.6	2.5	2.8
西 藏	2.3	2.3	16.1	18.7	0.0	0.0	0.5	0.6
陕 西	7.4	7.1	0.4	0.4	0.7	0.9	3.5	3.9
甘 肃	12.7	10.9	1.7	1.3	1.4	1.5	3.4	3.9
青 海	12.7	11.2	10.1	12.0	1.6	1.4	1.5	1.6
宁 夏	6.0	6.0	6.7	5.6	5.5	6.0	2.9	3.4
新 疆	1.3	1.3	13.3	16.1	2.9	3.0	3.0	3.6

2-19　各地区主要畜产品产量及人均占有量位次

单位：万吨、千克/人

地区	肉类总产量		肉类人均占有量		猪肉产量		猪肉人均占有量	
	绝对数	位次	绝对数	位次	绝对数	位次	绝对数	位次
全国总计	**8 387.2**		**62.1**		**5 342.7**		**39.6**	
北　京	43.2	27	21.1	30	23.9	27	11.7	29
天　津	45.8	26	33.1	26	29.2	26	21.1	23
河　北	442.9	6	61.0	16	259.0	8	35.7	16
山　西	77.4	25	21.5	29	56.3	22	15.6	26
内蒙古	245.8	15	98.9	1	73.9	21	29.7	18
辽　宁	418.7	7	95.5	2	230.2	12	52.5	8
吉　林	260.0	14	94.5	3	132.7	18	48.3	10
黑龙江	216.2	16	56.4	18	128.4	19	33.5	17
上　海	25.8	30	10.9	31	18.7	28	7.9	30
江　苏	396.5	11	50.1	22	228.8	13	28.9	19
浙　江	180.8	20	33.1	27	139.7	17	25.5	21
安　徽	397.7	10	66.5	15	249.7	10	41.8	13
福　建	200.8	18	53.8	20	155.6	15	41.7	14
江　西	311.1	13	69.2	13	237.3	11	52.8	7
山　东	764.2	1	79.1	8	376.7	4	39.0	15
河　南	677.4	2	72.1	11	432.5	2	46.0	11
湖　北	412.3	8	71.5	12	317.3	5	55.0	4
湖　南	515.3	4	77.9	9	427.6	3	64.6	1
广　东	443.2	5	42.0	23	276.4	6	26.2	20
广　西	411.0	9	88.1	5	252.5	9	54.1	6
海　南	79.5	24	90.2	4	48.1	24	54.5	5
重　庆	201.2	17	68.6	14	150.7	16	51.4	9
四　川	670.2	3	83.1	6	496.4	1	61.6	2
贵　州	190.3	19	54.7	19	156.1	14	44.9	12
云　南	348.7	12	75.1	10	264.1	7	56.9	3
西　藏	25.2	31	82.4	7	1.5	31	4.8	31
陕　西	107.1	22	28.6	28	83.5	20	22.3	22
甘　肃	87.8	23	34.2	25	48.6	23	18.9	24
青　海	30.5	28	53.4	21	9.4	29	16.6	25
宁　夏	26.5	29	41.2	24	7.7	30	11.9	28
新　疆	134.2	21	60.4	17	30.2	25	13.6	27

2-19 续表 1

单位：万吨、千克/人

地区	牛肉产量		牛肉人均占有量		羊肉产量		羊肉人均占有量	
	绝对数	位次	绝对数	位次	绝对数	位次	绝对数	位次
全国总计	**662.3**		**4.9**		**401.0**		**3.0**	
北京	2.2	29	1.1	26	1.2	27	0.6	26
天津	3.3	26	2.4	23	1.5	26	1.1	21
河北	55.3	3	7.6	10	28.7	4	4.0	7
山西	4.9	24	1.4	25	5.9	19	1.6	16
内蒙古	51.2	4	20.6	2	88.6	1	35.7	1
辽宁	43.2	6	9.8	8	7.9	16	1.8	15
吉林	45.0	5	16.3	4	4.1	20	1.5	18
黑龙江	39.7	7	10.4	7	12.1	10	3.2	9
上海	0.0	31	0.0	31	0.6	31	0.2	30
江苏	3.5	25	0.4	29	7.6	17	1.0	23
浙江	1.2	30	0.2	30	1.7	25	0.3	28
安徽	18.1	12	3.0	17	14.6	8	2.4	13
福建	2.5	28	0.7	27	2.0	24	0.5	27
江西	12.1	18	2.7	20	1.1	28	0.2	29
山东	67.0	2	6.9	11	33.1	3	3.4	8
河南	80.4	1	8.6	9	24.8	5	2.6	12
湖北	18.9	11	3.3	16	8.2	15	1.4	19
湖南	16.8	13	2.5	21	10.3	12	1.6	17
广东	6.7	23	0.6	28	0.9	30	0.1	31
广西	13.9	16	3.0	18	3.2	22	0.7	25
海南	2.5	27	2.8	19	1.0	29	1.2	20
重庆	7.1	22	2.4	22	2.8	23	1.0	24
四川	29.3	10	3.6	15	24.0	6	3.0	10
贵州	13.0	17	3.8	14	3.5	21	1.0	22
云南	31.9	9	6.9	12	13.6	9	2.9	11
西藏	15.1	15	49.3	1	8.5	13	27.8	2
陕西	7.5	21	2.0	24	6.9	18	1.8	14
甘肃	16.7	14	6.5	13	15.9	7	6.2	6
青海	9.6	19	16.8	3	10.4	11	18.2	4
宁夏	7.9	20	12.3	6	8.5	14	13.1	5
新疆	36.2	8	16.3	5	48.0	2	21.6	3

2－19　续表 2

单位：万吨、千克/人

地　区	禽肉产量		禽肉人均占有量		牛奶产量	
	绝对数	位次	绝对数	位次	绝对数	位次
全国总计	**1 822.6**		**13.5**		**3 743.6**	
北　京	15.7	21	7.7	21	65.1	13
天　津	11.3	23	8.2	19	67.9	12
河　北	85.1	9	11.7	12	470.4	3
山　西	8.7	25	2.4	26	80.0	10
内蒙古	23.5	20	9.4	16	910.2	1
辽　宁	130.3	5	29.7	1	124.7	8
吉　林	71.9	10	26.1	5	49.1	16
黑龙江	33.7	18	8.8	17	559.9	2
上　海	5.7	27	2.4	27	30.2	18
江　苏	146.1	3	18.5	7	61.3	14
浙　江	37.0	15	6.8	22	19.3	22
安　徽	114.1	7	19.1	6	24.1	21
福　建	37.9	14	10.1	15	15.0	24
江　西	58.9	12	13.1	9	12.6	26
山　东	275.7	1	28.5	4	283.9	5
河　南	122.2	6	13.0	10	316.1	4
湖　北	67.0	11	11.6	13	15.3	23
湖　南	58.2	13	8.8	18	8.5	28
广　东	153.5	2	14.5	8	13.6	25
广　西	136.0	4	29.2	2	9.4	27
海　南	25.3	19	28.7	3	0.2	31
重　庆	34.8	17	11.9	11	7.7	29
四　川	93.0	8	11.5	14	71.7	11
贵　州	15.4	22	4.4	24	5.1	30
云　南	36.4	16	7.8	20	53.7	15
西　藏	0.2	31	0.6	31	25.6	20
陕　西	7.9	26	2.1	28	141.8	6
甘　肃	4.4	28	1.7	29	38.0	17
青　海	0.7	30	1.2	30	27.6	19
宁　夏	2.1	29	3.3	25	103.5	9
新　疆	10.2	24	4.6	23	132.2	7

2-19 续表3

单位：万吨、千克/人

地 区	牛奶人均占有量		禽蛋产量		禽蛋人均占有量	
	绝对数	位次	绝对数	位次	绝对数	位次
全国总计	**27.7**		**2 861.2**		**21.2**	
北 京	31.8	11	15.2	24	7.5	21
天 津	49.0	7	18.7	23	13.5	16
河 北	64.8	5	342.6	3	47.2	2
山 西	22.2	14	74.7	12	20.7	10
内蒙古	366.2	1	54.5	13	21.9	9
辽 宁	28.4	13	279.9	4	63.8	1
吉 林	17.9	15	100.2	10	36.5	5
黑龙江	146.0	3	108.2	9	28.2	6
上 海	12.8	17	5.9	28	2.5	30
江 苏	7.8	20	197.2	5	24.9	7
浙 江	3.5	23	48.1	15	8.8	20
安 徽	4.0	21	122.6	8	20.5	11
福 建	4.0	22	25.4	20	6.8	22
江 西	2.8	24	45.8	16	10.2	18
山 东	29.4	12	402.0	2	41.6	4
河 南	33.6	10	404.2	1	43.0	3
湖 北	2.7	25	139.4	7	24.2	8
湖 南	1.3	30	95.2	11	14.4	13
广 东	1.3	29	31.8	18	3.0	29
广 西	2.0	27	21.8	22	4.7	25
海 南	0.3	31	3.6	29	4.1	27
重 庆	2.6	26	40.1	17	13.7	15
四 川	8.9	19	146.4	6	18.2	12
贵 州	1.5	28	14.7	26	4.2	26
云 南	11.6	18	22.1	21	4.8	24
西 藏	83.6	4	0.4	31	1.4	31
陕 西	37.8	9	51.9	14	13.8	14
甘 肃	14.8	16	14.7	25	5.7	23
青 海	48.3	8	2.0	30	3.5	28
宁 夏	160.9	2	6.2	27	9.6	19
新 疆	59.5	6	25.9	19	11.7	17

2－20　按人口平均的主要畜产品产量

单位：千克/人

年份	肉类总产量	猪牛羊肉	猪肉	牛肉	羊肉	禽肉	牛奶产量	禽蛋产量
1978	9.0	9.0					0.9	
1979	11.0	11.0	10.3	0.2	0.4		1.1	
1980	12.3	12.3	11.6	0.3	0.5	0.0	1.2	2.6
1985	18.3	16.8	15.7	0.4	0.6	1.5	2.4	5.1
1990	25.2	22.1	20.1	1.1	0.9	2.8	3.7	7.0
1991	27.3	23.7	21.3	1.3	1.0	3.4	4.0	8.0
1992	29.4	25.2	22.6	1.5	1.1	3.9	4.3	8.8
1993	32.6	27.4	24.2	2.0	1.2	4.9	4.2	10.0
1994	37.8	31.0	26.9	2.7	1.4	6.3	4.4	12.4
1995	33.8	27.4	23.7	2.5	1.3	6.0	4.8	13.9
1996	37.6	30.3	25.9	2.9	1.5	6.8	5.2	16.1
1997	42.8	34.5	29.2	3.6	1.7	8.0	4.9	15.4
1998	46.1	37.0	31.3	3.9	1.9	8.5	5.3	16.3
1999	47.5	38.0	32.0	4.0	2.0	8.9	5.7	17.0
2000	47.6	37.6	31.4	4.1	2.1	9.4	6.6	17.3
2001	48.0	38.0	31.9	4.0	2.1	9.2	8.1	17.4
2002	48.7	38.5	32.2	4.1	2.2	9.3	10.2	17.7
2003	50.0	39.5	32.9	4.2	2.4	9.6	13.6	18.1
2004	51.0	40.4	33.5	4.3	2.6	9.7	17.4	18.3
2005	53.2	42.0	34.9	4.4	2.7	10.3	21.1	18.7
2006	54.1	42.6	35.5	4.4	2.8	10.4	24.4	18.5
2007	52.1	40.1	32.5	4.7	2.9	11.0	26.7	19.2
2008	54.9	42.4	34.9	4.6	2.9	11.6	26.8	20.4
2009	57.5	44.4	36.7	4.8	2.9	12.0	26.4	20.6
2010	59.2	45.8	37.9	4.9	3.0	12.4	26.7	20.7
2011	59.3	45.4	37.6	4.8	2.9	12.7	27.2	20.9
2012	62.1	47.4	39.6	4.9	3.0	13.5	27.7	21.2

注：1. 按年平均人口计算。
　　2. 2011 年新疆猪肉数据有修订，全国数据相应修订。

三、畜牧生产统计

3-1 全国主要畜产品产量

单位：万吨

年份	肉类总产量	猪牛羊肉	猪肉	牛肉	羊肉	禽肉	兔肉
1978	856.3	856.3					
1979	1 062.4	1 062.4	1 001.4	23.0	38.0		
1980	1 205.4	1 205.4	1 134.1	26.9	44.5		
1985	1 926.5	1 760.7	1 654.7	46.7	59.3	160.2	5.6
1990	2 857.0	2 513.5	2 281.1	125.6	106.8	322.9	9.6
1991	3 144.4	2 723.8	2 452.3	153.5	118.0	395.0	10.8
1992	3 430.7	2 940.6	2 635.3	180.3	125.0	454.2	18.5
1993	3 841.5	3 225.3	2 854.4	233.6	137.3	573.6	20.4
1994	4 499.3	3 692.7	3 204.8	327.0	160.9	755.2	22.9
1995	4 076.4	3 304.0	2 853.5	298.5	152.0	724.3	20.7
1996	4 584.0	3 694.7	3 158.0	355.7	181.0	832.7	23.7
1997	5 268.8	4 249.9	3 596.3	440.9	212.8	978.5	28.1
1998	5 723.8	4 598.2	3 883.7	479.9	234.6	1 056.3	30.8
1999	5 949.0	4 762.3	4 005.6	505.4	251.3	1 115.5	31.0
2000	6 013.9	4 743.2	3 966.0	513.1	264.1	1 191.1	37.0
2001	6 105.8	4 832.1	4 051.7	508.6	271.8	1 176.1	40.6
2002	6 234.3	4 928.4	4 123.1	521.9	283.5	1 197.1	42.3
2003	6 443.3	5 089.8	4 238.6	542.5	308.7	1 239.0	43.8
2004	6 608.7	5 234.3	4 341.0	560.4	332.9	1 257.8	46.7
2005	6 938.9	5 473.5	4 555.3	568.1	350.1	1 344.2	51.1
2006	7 089.0	5 591.0	4 650.4	576.7	363.8	1 363.1	54.4
2007	6 865.7	5 283.8	4 287.8	613.4	382.6	1 447.6	60.2
2008	7 278.7	5 614.0	4 620.5	613.2	380.3	1 533.6	58.7
2009	7 649.7	5 915.7	4 890.8	635.5	389.4	1 594.9	63.6
2010	7 925.8	6 123.2	5 071.2	653.1	398.9	1 656.1	69.0
2011	7 965.1	6 101.0	5 060.4	647.5	393.1	1 708.8	73.1
2012	8 387.2	6 405.9	5 342.7	662.3	401.0	1 822.6	76.1

注：1. 2000—2006 年数据根据农业普查结果进行了修订。
2. 2011 年新疆猪肉数据有修订，全国数据相应修订。

3-1 续表

单位：万吨

年 份	牛奶产量	山羊毛产量（吨）	绵羊毛产量（吨）	细羊毛	半细羊毛	羊绒产量（吨）	蜂蜜产量	禽蛋产量
1978	88.3	10 000.0	138 000.0			4 000.0		
1979	106.5	12 000.0	153 000.0			4 000.0		
1980	114.1	11 687.0	175 728.0	69 035.0	34 587.0	4 005.0	9.6	256.6
1985	249.9	10 512.0	177 953.0	85 861.0	32 070.0	2 988.8	15.5	534.7
1990	415.7	16 506.0	239 457.0	119 457.0	44 246.0	5 751.0	19.3	794.6
1991	464.6	16 498.0	239 607.0	108 613.0	55 839.0	5 930.0	20.6	922.0
1992	503.1	17 496.0	238 192.0	106 201.0	52 478.0	5 886.0	17.8	1 019.9
1993	498.6	19 020.0	240 309.0	109 969.0	53 624.0	6 479.0	17.5	1 179.8
1994	528.8	24 559.0	254 659.0	113 357.0	58 337.0	7 336.0	17.7	1 479.0
1995	576.4	29 973.0	277 375.0	114 219.0	70 369.0	8 482.0	17.8	1 676.7
1996	629.4	35 284.0	298 102.0	121 020.0	74 099.0	9 585.0	18.3	1 965.2
1997	601.1	25 865.0	255 059.0	116 054.0	55 683.0	8 626.0	21.1	1 897.1
1998	662.9	31 417.0	277 545.0	115 752.0	68 775.0	9 799.0	20.7	2 021.3
1999	717.6	31 849.0	283 152.0	114 103.0	73 700.0	10 180.0	23.0	2 134.7
2000	827.4	33 266.0	292 502.0	117 386.0	84 921.0	11 057.0	24.6	2 182.0
2001	1 025.5	34 240.5	298 254.0	114 651.0	88 075.0	10 968.0	25.2	2 210.1
2002	1 299.8	35 459.1	307 588.0	112 193.0	102 419.0	11 765.0	26.5	2 265.7
2003	1 746.3	36 691.7	338 058.0	120 263.0	110 249.0	13 528.0	28.9	2 333.1
2004	2 260.6	37 727.1	373 902.0	130 413.0	119 514.0	14 514.7	29.3	2 370.6
2005	2 753.4	36 903.9	393 172.0	127 862.0	123 068.0	15 435.0	29.3	2 438.1
2006	3 193.4	40 512.4	388 777.0	131 808.0	116 098.0	16 395.0	33.3	2 424.0
2007	3 525.2	38 381.7	363 470.0	123 920.0	106 760.0	18 483.0	35.4	2 529.0
2008	3 555.8	44 406.1	367 687.4	123 837.8	104 838.4	17 184.3	40.0	2 702.2
2009	3 518.8	49 453.2	364 001.8	127 351.9	113 017.8	16 963.7	40.2	2 742.5
2010	3 575.6	42 713.8	386 768.3	123 173.5	114 944.3	18 518.5	40.1	2 762.7
2011	3 657.8	44 047.0	393 072.2	132 835.7	120 118.7	17 989.1	43.1	2 811.4
2012	3 743.6	43 924.1	400 057.0	125 708.6	131 982.5	18 021.2	44.8	2 861.2

3-2　全国主要牲畜年末存栏量

单位：万头、万只

年份	大牲畜				
		牛	马	驴	骡
1978	9 389.0	7 072.4	1 124.5	748.1	386.8
1979	9 459.0	7 134.6	1 114.5	747.3	402.3
1980	9 524.6	7 167.6	1 104.2	774.8	416.6
1985	11 381.8	8 682.0	1 108.1	1 041.5	497.2
1990	13 021.3	10 288.4	1 017.4	1 119.8	549.4
1991	13 192.6	10 459.2	1 009.4	1 115.8	560.6
1992	13 485.1	10 784.0	1 001.7	1 098.3	561.0
1993	13 987.5	11 315.7	995.9	1 088.6	549.8
1994	14 918.7	12 231.8	1 003.8	1 092.3	555.2
1995	12 728.4	10 420.1	861.1	945.5	476.9
1996	13 360.6	11 031.8	871.5	944.4	478.0
1997	14 541.8	12 182.2	891.2	952.8	480.6
1998	14 803.2	12 441.9	898.1	955.8	473.9
1999	15 024.8	12 698.3	891.4	934.8	467.3
2000	14 638.1	12 353.2	876.6	922.7	453.0
2001	13 980.9	11 809.2	826.0	881.5	436.2
2002	13 672.3	11 567.8	808.8	849.9	419.4
2003	13 467.3	11 434.4	790.0	820.7	395.7
2004	13 191.4	11 235.4	763.9	791.9	374.0
2005	12 894.8	10 990.8	740.0	777.2	360.4
2006	12 287.1	10 465.1	719.5	730.6	345.1
2007	12 309.4	10 594.8	702.8	689.1	298.5
2008	12 250.7	10 576.0	682.1	673.1	295.5
2009	12 357.6	10 726.5	678.5	648.4	279.3
2010	12 238.5	10 626.4	677.1	639.7	269.7
2011	11 966.2	10 360.5	670.9	647.8	259.8
2012	11 891.8	10 343.4	633.5	636.1	249.2

3-2 续表

单位：万头、万只

年份		猪	羊		
	骆驼			山羊	绵羊
1978	57.4	30 129.0	16 994.0	7 354.0	9 640.0
1979	60.4	31 971.0	18 314.0	8 057.0	10 257.0
1980	61.4	30 543.1	18 731.1	8 068.4	10 662.7
1985	53.0	33 139.6	15 588.4	6 167.4	9 421.0
1990	46.3	36 240.8	21 002.1	9 720.5	11 281.6
1991	44.1	36 964.6	20 621.0	9 535.5	11 085.5
1992	40.1	38 421.1	20 732.9	9 761.0	10 971.9
1993	37.3	39 300.1	21 731.4	10 569.6	11 161.8
1994	35.6	41 461.5	24 052.8	12 308.3	11 744.4
1995	34.1	35 040.8	21 748.7	10 794.0	10 945.7
1996	34.5	36 283.6	23 728.3	12 315.8	11 412.5
1997	35.0	40 034.8	25 575.7	13 480.1	12 095.6
1998	33.5	42 256.3	26 903.5	14 168.3	12 735.2
1999	33.0	43 144.2	27 925.8	14 816.3	13 109.5
2000	32.6	41 633.6	27 948.2	14 945.6	13 002.6
2001	27.9	41 950.5	27 625.0	14 562.3	13 062.8
2002	26.4	41 776.2	28 240.9	14 841.2	13 399.7
2003	26.5	41 381.8	29 307.4	14 967.9	14 339.5
2004	26.2	42 123.4	30 426.0	15 195.5	15 230.5
2005	26.6	43 319.1	29 792.7	14 659.0	15 133.7
2006	26.9	41 850.4	28 369.8	13 768.0	14 601.8
2007	24.2	43 989.5	28 564.7	14 921.1	13 643.6
2008	24.0	46 291.3	28 084.9	15 229.2	12 855.7
2009	24.8	46 996.0	28 452.2	15 050.1	13 402.1
2010	25.6	46 460.0	28 087.9	14 203.9	13 884.0
2011	27.3	46 862.7	28 235.8	14 274.2	13 961.5
2012	29.5	47 592.2	28 504.1	14 136.1	14 368.0

注：2011 年新疆生猪数据有修订，全国数据相应修订。

3－3 全国主要畜禽年出栏量

单位：万头、万只

年份	猪	牛	羊	家禽	兔
1978	16 109.5	240.3	2 621.9		
1979	18 767.6	296.8	3 543.4		
1980	19 860.7	332.2	4 241.9		
1985	23 875.2	456.5	5 080.5		
1990	30 991.0	1 088.3	8 931.4	243 391.1	7 314.9
1991	32 897.1	1 303.9	9 816.2	282 357.5	8 468.9
1992	35 169.7	1 519.2	10 266.6	319 254.3	14 343.9
1993	37 720.1	1 897.1	11 146.9	397 760.3	15 517.6
1994	42 103.2	2 512.7	13 124.8	512 823.2	16 924.7
1995	37 849.6	2 243.0	11 418.0	488 392.6	15 019.9
1996	41 225.2	2 685.9	13 412.5	557 127.2	16 666.6
1997	46 483.7	3 283.9	15 945.5	638 853.2	20 984.5
1998	50 215.1	3 587.1	17 279.5	684 378.7	21 741.3
1999	50 749.0	3 766.2	18 820.4	743 165.1	22 103.0
2000	51 862.3	3 806.9	19 653.4	809 857.1	25 878.2
2001	53 281.1	3 794.8	21 722.5	808 834.8	28 992.5
2002	54 143.9	3 896.2	23 280.8	832 858.9	30 560.2
2003	55 701.8	4 000.1	25 958.3	888 587.8	31 938.4
2004	57 278.5	4 101.0	28 343.0	907 021.8	33 985.9
2005	60 367.4	4 148.7	24 092.0	943 091.4	37 840.4
2006	61 207.3	4 222.0	24 733.9	930 548.3	40 367.7
2007	56 508.3	4 359.5	25 570.7	957 867.0	44 087.3
2008	61 016.6	4 446.1	26 172.3	1 022 155.7	41 529.9
2009	64 538.6	4 602.2	26 732.9	1 060 945.0	43 281.4
2010	66 686.4	4 716.8	27 220.2	1 100 578.0	46 452.5
2011	66 362.1	4 670.7	26 661.5	1 132 715.2	47 470.4
2012	69 789.5	4 760.9	27 099.6	1 207 704.3	48 776.7

注：2011 年新疆生猪数据有修订，全国数据相应修订。

3-4 全国畜牧生产及增长情况

单位：万头、万只、万吨

项　目	2012 年	2011 年	2012 年比 2011 年增加	
			绝对数	%
当年畜禽出栏				
一、大牲畜				
1. 牛	4 760.9	4 670.7	90.2	1.9
2. 马	157.7	160.9	−3.2	−2.0
3. 驴	247.4	239.9	7.4	3.1
4. 骡	51.8	52.3	−0.6	−1.1
5. 骆驼	7.0	6.4	0.5	8.0
二、猪	69 789.5	66 362.1	3 427.4	5.2
三、羊	27 099.6	26 661.5	438.0	1.6
1. 山羊	14 168.5	14 076.1	92.4	0.7
2. 绵羊	12 931.1	12 585.4	345.7	2.7
四、家禽	1 207 704.3	1 132 715.2	74 989.1	6.6
五、兔	48 776.7	47 470.4	1 306.3	2.8
期末存栏				
一、大牲畜	11 891.8	11 966.2	−74.4	−0.6
其中：役畜	3 000.6	3 194.7	−194.1	−6.1
1. 牛	10 343.4	10 360.5	−17.1	−0.2
其中：肉牛	6 698.1	6 646.4	51.7	0.8
奶牛	1 493.9	1 440.2	53.7	3.7
役用牛	2 151.5	2 273.9	−122.5	−5.4
2. 马	633.5	670.9	−37.4	−5.6
3. 驴	636.1	647.8	−11.6	−1.8
4. 骡	249.2	259.8	−10.5	−4.1
5. 骆驼	29.5	27.3	2.2	8.1
二、猪	47 592.2	46 826.7	729.5	1.6
其中：能繁母猪	5 043.2	4 921.1	122.1	2.5

注：2011 年新疆生猪数据有修订，全国数据相应修订。

3-4 续表

单位：万头、万只、万吨

项　　目	2012年	2011年	2012年比2011年增加	
			绝对数	%
三、羊	28 504.1	28 235.8	268.4	1.0
1. 山羊	14 136.1	14 274.2	−138.1	−1.0
2. 绵羊	14 368.0	13 961.5	406.4	2.9
四、家禽	580 442.0	555 432.7	25 009.3	4.5
五、兔	22 158.2	21 695.4	462.8	2.1
畜产品产量				
一、肉类总产量	8 387.2	7 965.1	422.1	5.3
1. 牛肉	662.3	647.5	14.8	2.3
平均每头产肉量（千克/头）	139.1	138.6	0.5	0.3
2. 猪肉	5 342.7	5 060.4	282.3	5.6
平均每头产肉量（千克/头）	76.6	76.3	0.3	0.3
3. 羊肉	401.0	393.1	7.9	2.0
平均每头产肉量（千克/头）	14.8	14.7	0.1	0.4
4. 禽肉	1 822.6	1 708.8	113.8	6.7
5. 兔肉	76.1	73.1	3.0	4.1
二、奶类产量	3 875.4	3 810.7	64.7	1.7
其中：牛奶产量	3 743.6	3 657.8	85.7	2.3
三、山羊毛产量（吨）	43 924.1	44 047.0	−122.8	−0.3
四、绵羊毛产量（吨）	400 057.0	393 072.2	6 984.8	1.8
其中：细羊毛（吨）	125 708.6	132 835.7	−7 127.1	−5.4
半细羊毛（吨）	131 982.5	120 118.7	11 863.9	9.9
五、羊绒产量（吨）	18 021.2	17 989.1	32.2	0.2
六、蜂蜜产量	44.8	43.1	1.7	4.0
七、禽蛋产量	2 861.2	2 811.4	49.8	1.8
八、蚕茧产量	90.6	91.6	−0.9	−1.0
其中：桑蚕茧	83.1	83.6	−0.5	−0.6
柞蚕茧	7.5	7.9	−0.4	−4.7

注：2011年新疆猪肉数据有修订，全国数据相应修订。

3－5 各地区主要畜禽年出栏量

单位：万头、万只

地区	猪	牛	羊	家禽	兔
全国总计	**69 789.5**	**4 760.9**	**27 099.6**	**1 207 704.3**	**48 776.7**
北京	306.1	11.9	71.8	10 089.4	11.8
天津	374.2	19.0	65.0	8 009.5	12.0
河北	3 396.7	340.3	2 071.5	57 935.9	3 186.5
山西	723.9	33.9	427.0	6 999.1	493.5
内蒙古	940.4	316.3	5 390.3	11 887.4	499.3
辽宁	2 728.5	286.9	719.7	76 678.3	139.1
吉林	1 625.3	296.4	324.3	41 234.3	742.0
黑龙江	1 765.2	256.0	740.9	20 277.0	211.9
上海	257.2	0.0	43.0	3 650.4	7.9
江苏	3 043.1	18.8	688.0	88 575.9	4 025.8
浙江	1 934.4	8.5	103.4	25 151.2	550.1
安徽	2 927.6	122.0	1 016.2	70 926.2	238.3
福建	2 069.1	24.3	143.0	28 436.8	1 813.6
江西	3 050.6	129.5	70.9	43 026.2	345.1
山东	4 599.9	437.3	2 915.7	188 437.6	5 976.2
河南	5 711.3	534.6	2 027.5	94 358.7	4 315.7
湖北	4 180.8	131.7	511.0	49 866.4	239.9
湖南	5 878.8	146.6	638.2	41 650.3	641.4
广东	3 736.2	57.0	49.2	113 073.4	276.7
广西	3 342.1	147.7	206.0	82 631.7	620.7
海南	580.9	26.9	77.1	14 663.7	14.9
重庆	2 050.8	54.9	212.4	22 222.6	4 116.4
四川	7 170.7	254.0	1 562.7	61 999.6	19 344.6
贵州	1 734.8	106.0	206.8	9 632.0	125.5
云南	3 180.1	279.1	767.1	20 410.6	124.8
西藏	17.7	129.4	528.8	156.8	0.0
陕西	1 127.9	51.9	440.3	4 868.4	281.9
甘肃	672.3	160.7	991.3	3 558.8	128.1
青海	132.1	100.0	614.6	396.5	82.0
宁夏	103.3	57.0	474.9	1 141.0	24.6
新疆	427.6	222.3	3 001.2	5 758.8	186.4

3-6 各地区主要畜禽年末存栏量

单位：万头、万只

地区	大牲畜	牛				马	驴	骡	骆驼
			肉牛	奶牛	役用牛				
全国总计	**11 891.8**	**10 343.4**	**6 698.1**	**1 493.9**	**2 151.5**	**633.5**	**636.1**	**249.2**	**29.5**
北京	22.3	21.4	6.2	15.1	0.0	0.2	0.6	0.1	0.0
天津	29.7	29.1	13.5	15.6	0.1	0.1	0.3	0.1	0.0
河北	498.2	403.1	152.0	196.3	54.8	18.4	55.5	21.1	0.0
山西	122.7	92.0	35.8	30.6	25.6	1.5	16.3	13.0	0.0
内蒙古	839.1	625.0	346.4	263.2	15.4	75.9	96.0	30.0	12.3
辽宁	524.4	367.1	327.1	32.2	7.8	22.9	117.4	17.0	0.0
吉林	504.2	431.4	401.4	24.0	6.0	37.1	26.5	9.3	0.0
黑龙江	557.6	519.8	310.3	202.2	7.4	25.9	8.7	3.2	0.0
上海	7.0	7.0	0.0	6.9	0.1	0.0	0.0	0.0	0.0
江苏	36.4	32.1	8.0	20.9	3.2	0.3	3.0	1.1	0.0
浙江	17.7	17.7	10.9	5.7	1.1	0.0	0.0	0.0	0.0
安徽	152.3	151.9	127.8	10.8	13.2	0.1	0.2	0.1	0.0
福建	68.5	68.5	31.5	5.1	31.9	0.0	0.0	0.0	0.0
江西	294.5	294.5	232.5	7.6	54.4	0.0	0.0	0.0	0.0
山东	514.2	499.3	319.5	129.8	49.9	3.0	10.2	1.7	0.0
河南	942.3	908.2	602.7	100.6	204.9	12.2	17.4	4.6	0.0
湖北	334.9	333.6	209.7	6.3	117.7	0.7	0.4	0.1	0.0
湖南	435.7	430.5	310.0	14.0	106.5	4.3	0.7	0.2	0.0
广东	232.9	232.8	107.8	5.7	119.2	0.1	0.0	0.0	0.0
广西	494.2	453.6	98.2	4.7	350.7	35.6	0.1	4.9	0.0
海南	87.4	87.4	48.1	0.9	38.4	0.0	0.0	0.0	0.0
重庆	133.6	130.5	85.4	2.3	42.9	1.8	0.3	0.9	0.0
四川	1 049.2	940.2	477.4	19.5	443.3	89.6	8.8	10.6	0.0
贵州	541.0	461.0	247.8	3.8	209.4	76.8	0.3	2.9	0.0
云南	926.1	747.2	675.1	14.8	57.3	71.4	39.4	68.1	0.0
西藏	643.6	600.8	451.3	36.3	113.2	33.4	7.8	1.6	0.0
陕西	165.8	146.8	98.2	46.9	1.7	0.7	13.5	4.8	0.0
甘肃	587.6	425.6	395.9	29.1	0.6	14.4	102.5	43.0	2.1
青海	459.0	425.1	396.4	28.8	0.0	20.1	5.4	7.2	1.1
宁夏	104.0	94.4	61.6	32.9	0.0	0.2	6.9	2.5	0.0
新疆	565.8	365.9	109.5	181.5	75.0	86.8	98.0	1.1	14.0

3-6 续表

单位：万头、万只

地区	猪	能繁母猪	羊	山羊	绵羊	家禽	兔
全国总计	**47 592.2**	**5 043.2**	**28 504.1**	**14 136.1**	**14 368.0**	**580 442.0**	**22 158.2**
北京	187.4	23.6	58.1	16.6	41.4	2 596.4	4.7
天津	193.7	24.4	41.4	4.9	36.5	2 542.4	8.3
河北	1 847.5	195.6	1 413.5	450.5	963.0	38 528.8	1 384.8
山西	473.8	54.3	834.0	364.1	469.8	7 295.8	293.4
内蒙古	693.8	94.1	5 144.1	1 659.6	3 484.4	5 075.5	165.8
辽宁	1 592.6	217.3	721.8	392.3	329.5	40 352.6	89.6
吉林	1 001.2	120.1	393.9	69.4	324.5	16 282.1	141.3
黑龙江	1 381.6	140.2	898.3	323.0	575.3	14 658.9	103.3
上海	178.8	16.4	25.6	24.5	1.2	1 183.2	8.1
江苏	1 775.2	149.5	400.6	391.2	9.4	36 024.3	1 599.7
浙江	1 338.3	130.1	107.2	42.2	65.0	11 446.1	373.5
安徽	1 555.2	141.3	592.2	591.2	1.0	25 043.1	174.7
福建	1 340.9	135.1	110.8	110.8	0.0	9 185.8	911.8
江西	1 645.9	163.4	54.6	54.6	0.0	19 998.5	165.8
山东	2 902.4	326.1	2 163.8	1 622.9	541.0	63 819.8	3 200.2
河南	4 587.3	490.4	1 827.7	1 751.0	76.7	68 197.3	2 645.9
湖北	2 543.2	251.4	435.1	434.5	0.6	32 520.3	163.7
湖南	4 245.5	427.6	500.8	500.8	0.0	29 023.4	278.2
广东	2 256.6	250.5	40.2	40.2	0.0	35 605.4	146.3
广西	2 466.6	290.9	203.6	203.6	0.0	31 202.6	245.2
海南	438.6	65.6	66.0	66.0	0.0	5 233.7	9.1
重庆	1 524.3	148.9	181.1	181.0	0.1	12 577.7	1 614.8
四川	5 132.4	505.3	1 671.9	1 445.0	226.9	36 019.0	7 763.0
贵州	1 604.1	160.4	290.1	272.9	17.2	8 355.3	95.6
云南	2 708.6	300.3	913.5	816.1	97.4	12 431.5	69.3
西藏	34.4	11.0	1 525.9	563.4	962.5	141.9	0.0
陕西	900.2	88.3	644.9	542.9	102.0	6 749.2	295.4
甘肃	590.7	67.2	1 788.7	380.1	1 408.6	3 792.3	102.0
青海	116.7	14.0	1 446.3	193.3	1 253.0	251.9	29.9
宁夏	69.5	9.6	506.4	102.1	404.2	779.5	16.4
新疆	265.4	30.3	3 502.0	525.3	2 976.7	3 527.8	58.5

3－7 全国肉类产品产量构成

单位：%

年份	肉类总产量	猪肉	牛肉	羊肉	禽肉	其他
1985	100	85.9	2.4	3.1	8.3	0.3
1986	100	85.0	2.8	2.9	8.9	0.4
1987	100	82.8	3.6	3.2	9.9	0.5
1988	100	81.4	3.9	3.2	11.1	0.5
1989	100	80.8	4.1	3.7	10.7	0.8
1990	100	79.8	4.4	3.7	11.3	0.7
1991	100	78.0	4.9	3.8	12.6	0.8
1992	100	76.8	5.3	3.6	13.2	1.0
1993	100	74.3	6.1	3.6	14.9	1.1
1994	100	71.2	7.3	3.6	16.8	1.1
1995	100	70.0	7.3	3.7	17.8	1.2
1996	100	68.9	7.8	3.9	18.2	1.2
1997	100	68.3	8.4	4.0	18.6	0.8
1998	100	67.9	8.4	4.1	18.5	1.2
1999	100	67.3	8.5	4.2	18.8	1.2
2000	100	65.9	8.5	4.4	19.8	1.3
2001	100	66.4	8.3	4.5	19.3	1.6
2002	100	66.1	8.4	4.5	19.2	1.7
2003	100	65.8	8.4	4.8	19.2	1.8
2004	100	65.7	8.5	5.0	19.0	1.8
2005	100	65.6	8.2	5.0	19.4	1.7
2006	100	65.6	8.1	5.1	19.2	1.9
2007	100	62.5	8.9	5.6	21.1	2.0
2008	100	63.5	8.4	5.2	21.1	1.8
2009	100	63.9	8.3	5.1	20.8	1.8
2010	100	64.0	8.2	5.0	20.9	1.8
2011	100	63.5	8.1	4.9	21.5	2.0
2012	100	63.7	7.9	4.8	21.7	1.9

3-8 各地区肉类产量

单位：万吨

地 区	肉类总产量	猪肉	牛肉	羊肉	禽肉
全国总计	**8 387.2**	**5 342.7**	**662.3**	**401.0**	**1 822.6**
北 京	43.2	23.9	2.2	1.2	15.7
天 津	45.8	29.2	3.3	1.5	11.3
河 北	442.9	259.0	55.3	28.7	85.1
山 西	77.4	56.3	4.9	5.9	8.7
内蒙古	245.8	73.9	51.2	88.6	23.5
辽 宁	418.7	230.2	43.2	7.9	130.3
吉 林	260.0	132.7	45.0	4.1	71.9
黑龙江	216.2	128.4	39.7	12.1	33.7
上 海	25.8	18.7	0.0	0.6	5.7
江 苏	396.5	228.8	3.5	7.6	146.1
浙 江	180.8	139.7	1.2	1.7	37.0
安 徽	397.7	249.7	18.1	14.6	114.1
福 建	200.8	155.6	2.5	2.0	37.9
江 西	311.1	237.3	12.1	1.1	58.9
山 东	764.2	376.7	67.0	33.1	275.7
河 南	677.4	432.5	80.4	24.8	122.2
湖 北	412.3	317.3	18.9	8.2	67.0
湖 南	515.3	427.6	16.8	10.3	58.2
广 东	443.2	276.4	6.7	0.9	153.5
广 西	411.0	252.5	13.9	3.2	136.0
海 南	79.5	48.1	2.5	1.0	25.3
重 庆	201.2	150.7	7.1	2.8	34.8
四 川	670.2	496.4	29.3	24.0	93.0
贵 州	190.3	156.1	13.0	3.5	15.4
云 南	348.7	264.1	31.9	13.6	36.4
西 藏	25.2	1.5	15.1	8.5	0.2
陕 西	107.1	83.5	7.5	6.9	7.9
甘 肃	87.8	48.6	16.7	15.9	4.4
青 海	30.5	9.4	9.6	10.4	0.7
宁 夏	26.5	7.7	7.9	8.5	2.1
新 疆	134.2	30.2	36.2	48.0	10.2

3-9 各地区羊毛、羊绒产量

单位：吨

地区	山羊毛产量	绵羊毛产量			羊绒产量
			细羊毛	半细羊毛	
全国总计	**43 924.1**	**400 057.0**	**125 708.6**	**131 982.5**	**18 021.2**
北京	72.4	288.2	6.5	42.6	34.4
天津	2.0	511.0	59.0	452.0	0
河北	2 698.0	30 663.0	4 757.0	17 076.0	810.0
山西	1 432.1	7 832.8	2 434.7	2 881.1	739.1
内蒙古	12 437.0	104 190.0	51 301.0	18 889.0	7 642.0
辽宁	1 827.0	14 660.0	3 828.0	10 636.0	1 056.0
吉林	735.5	20 273.6	11 458.0	8 754.8	185.8
黑龙江	1 479.0	31 755.0	5 453.0	23 404.0	707.0
上海	173.6	33.9	0	0	0
江苏	9.0	340.0	81.0	259.0	0
浙江	418.0	1 971.9	0	1 971.9	0
安徽	145.0	145.0	54.0	91.0	10.0
福建	0	0	0	0	0
江西	0	0	0	0	0
山东	4 237.2	9 618.0	1 652.1	5 082.7	752.0
河南	5 849.0	8 439.0	883.0	4 869.1	867.7
湖北	74.9	3.3	0	3.3	0
湖南	4.0	0	0	0	0
广东	3.0	0	0	0	0
广西	0	0	0	0	0
海南	0	0	0	0	0
重庆	2.0	4.0	0	4.0	0
四川	535.0	7 359.0	1 033.0	4 371.0	33.0
贵州	66.0	453.0	81.0	288.0	0
云南	149.0	1 699.0	165.0	1 103.0	10.0
西藏	1 428.5	8 768.3	267.3	3 277.0	1 006.2
陕西	2 881.0	6 682.0	2 971.0	2 142.0	1 714.0
甘肃	1 906.0	29 484.0	9 350.0	6 143.0	381.0
青海	1 073.0	18 076.0	469.0	5 692.0	398.0
宁夏	796.0	8 317.0	1 470.0	1 796.0	450.0
新疆	3 491.0	88 490.0	27 935.0	12 754.0	1 225.0

3－10 各地区其他畜产品产量

单位：万吨

地 区	奶类产量	牛奶产量	禽蛋产量	蜂蜜产量
全国总计	**3 875.4**	**3 743.6**	**2 861.2**	**44.8**
北 京	65.1	65.1	15.2	0.3
天 津	68.2	67.9	18.7	0.0
河 北	479.0	470.4	342.6	1.2
山 西	81.0	80.0	74.7	0.4
内蒙古	930.7	910.2	54.5	0.2
辽 宁	130.2	124.7	279.9	0.1
吉 林	49.8	49.1	100.2	1.6
黑龙江	565.0	559.9	108.2	2.0
上 海	30.2	30.2	5.9	0.1
江 苏	61.3	61.3	197.2	0.4
浙 江	19.3	19.3	48.1	8.8
安 徽	24.1	24.1	122.6	1.9
福 建	15.4	15.0	25.4	1.0
江 西	12.6	12.6	45.8	1.3
山 东	294.1	283.9	402.0	0.6
河 南	330.4	316.1	404.2	10.0
湖 北	15.7	15.3	139.4	2.0
湖 南	8.5	8.5	95.2	1.1
广 东	13.9	13.6	31.8	1.6
广 西	9.4	9.4	21.8	1.2
海 南	0.2	0.2	3.6	0.1
重 庆	7.7	7.7	40.1	1.4
四 川	72.2	71.7	146.4	4.8
贵 州	5.1	5.1	14.7	0.2
云 南	58.0	53.7	22.1	0.8
西 藏	31.6	25.6	0.4	0.0
陕 西	189.1	141.8	51.9	0.5
甘 肃	38.6	38.0	14.7	0.1
青 海	29.4	27.6	2.0	0.1
宁 夏	103.5	103.5	6.2	0.1
新 疆	136.3	132.2	25.9	1.1

四、畜牧专业统计

4-1 全国种畜禽场、站情况

单位：个、头、只、套、箱

指标名称	场数	年末存栏	能繁母畜	当年出场种畜禽	当年生产胚胎（枚）	当年生产精液（万份）
一、种畜禽场总数	14 264					
（一）种牛场	481	781 115	416 809	62 482	53 668	
1.种乳牛场	280	432 628	278 866	30 168	38 807	
2.种肉牛场	159	94 303	53 571	19 085	12 669	
3.种水牛场	14	5 224	3 348	1 048	2 192	
4.种牦牛场	28	248 960	81 024	12 181	0	
（二）种马场	29	4 207	1 679	280		
（三）种猪场	7 970	23 904 827	4 841 641	26 175 400		
（四）种羊场	1 288	1 997 620	1 314 928	791 124	128 548	
1.种绵羊场	551	1 512 000	1 003 855	457 369	25 744	
其中：种细毛羊场	90	366 695	218 240	77 258	1 260	
2.种山羊场	737	485 620	311 073	333 755	102 804	
其中：种绒山羊场	154	173 465	111 952	62 601	77 207	
（五）种禽场	3 731	0		0		
1.种蛋鸡场	1 096	39 484 445		0		
其中：祖代蛋鸡场	71	3 523 263		115 125 481		
父母代场	1 025	35 961 182		0		
2.种肉鸡场	1 756	94 717 114		0		
其中：祖代以上肉鸡场	123	3 183 345		64 923 532		
父母代场	1 633	91 533 769				
3.种鸭场	644	19 141 745				
4.种鹅场	235	1 845 880				
（六）种兔场	507	2 287 820				
（七）种蜂场	106	95 095				
（八）其他	152					
二、种畜站总数	4 169					
1.种公牛站	39	2 568				1 735.82
2.种公羊站	167	6 729				41.58
3.种公猪站	3 960	121 686				6 059.79

4-2 全国畜牧技术机构基本情况

项　　目	单位	畜牧站	家畜繁育改良站	草原工作站	饲料监察所
一、省级机构数	个	32	17	27	26
在编干部职工人数	人	1 552	680	830	621
其中按职称分					
高级技术职称	人	416	174	225	232
中级技术职称	人	353	161	185	157
初级技术职称	人	221	98	113	96
其中按学历分					
研究生	人	229	58	82	133
大学本科	人	614	257	406	299
大学专科	人	248	139	118	98
中专	人	68	58	36	24
离退休人员	人	820	317	325	161
二、地（市）级机构数	个	406	109	184	112
在编干部职工总数	人	5 909	1 977	1 772	1 054
其中按职称分					
高级技术职称	人	1 259	330	353	182
中级技术职称	人	1 550	404	509	288
初级技术职称	人	1 209	300	334	298

4-2 续表

项　　目	单位	畜牧站	家畜繁育改良站	草原工作站	饲料监察所
其中按学历分					
研究生	人	442	83	92	84
大学本科	人	2 775	530	755	503
大学专科	人	1 319	446	492	276
中专	人	586	293	198	113
离退休人员	人	2 752	1 243	647	355
三、县（市）级机构数	个	3 390	1 006	1 055	783
在编干部职工总数	人	54 513	8 210	8 651	6 285
其中按职称分					
高级技术职称	人	5 171	719	798	452
中级技术职称	人	16 078	2 497	2 740	2 113
初级技术职称	人	16 702	2 421	2 452	2 036
其中按学历分					
硕士以上	人	769	72	57	54
大学本科	人	14 131	1 707	2 303	1 223
大学专科	人	19 290	2 589	3 297	2 309
中专	人	11 808	1 882	1 747	1 469
离退休人员	人	20 729	3 126	2 608	812

4-3 全国乡镇畜牧兽医站基本情况

项　　目	单位	数量
一、站数	个	32 621
二、职工总数	人	208 515
其中：在编人数	人	147 391
离退休人员	人	67 692
三、技术职称状况		
高级技术职称	人	3 407
中级技术职称	人	37 423
初级技术职称	人	65 611
技术员	人	35 207
四、经营情况		
盈余站数	个	7 381
盈余金额	万元	12 882.9
亏损站数	个	6 011
亏损金额	万元	24 188.4
五、全年总收入	万元	575 032.9
其中：经营服务收入	万元	46 753.0
六、全年总支出	万元	586 338.4
其中：工资总额	万元	428 826.3

4-4 全国牧区县、半牧区县畜牧生产情况

项　　目	单位	牧区县	半牧区县
一、基本情况			
牧业人口数	万人	381	1 257
人均纯收入	元/人	6 111.2	6 221.3
其中：牧业收入	元/人	4 012.7	2 684.7
牧户数	户	1 077 730	2 988 163
其中：定居牧户	户	874 407	2 572 048
二、畜禽饲养情况			
大牲畜年末存栏数	头	16 237 608	18 226 024
其中：牛	头	14 095 939	14 831 243
其中：能繁殖的母牛	头	7 581 916	7 238 639
当年成活犊牛	头	4 150 969	4 009 510
牦牛	头	6 801 054	2 532 397
绵羊年末存栏	只	42 005 836	38 554 095
其中：能繁殖的母羊	只	27 822 293	24 424 331
当年生存栏羔羊	只	11 082 384	10 723 072
细毛羊	只	5 907 554	15 305 517
半细毛羊	只	5 526 321	6 303 226
山羊年末存栏	只	14 895 396	15 465 342
其中：绒山羊年末存栏	只	12 077 764	8 107 595
三、畜产品产量与出栏情况			
肉类总产量	吨	1 627 324	5 302 959
其中：牛肉	吨	602 036	858 780
羊肉	吨	663 589	696 003

4-4 续表

项　　目	单位	牧区县	半牧区县
猪肉	吨	259 383	2 626 241
奶产量	吨	2 853 531	6 983 260
毛产量	吨	94 966	130 305
其中：山羊毛产量	吨	6 622	7 077
绵羊毛产量	吨	88 344	123 228
其中：细羊毛产量	吨	27 876	66 951
半细羊毛产量	吨	16 676	24 392
山羊绒产量	吨	5 949	2 873
牛皮产量	万张	422.2	394.9
羊皮产量	万张	3 499.2	4 115.8
牛出栏	头	5 006 207	6 015 975
牛出栏率	%	40.3	47.4
羊出栏	头	37 999 554	42 391 338
羊出栏率	%	77.6	84.7
四、畜产品出售情况			
出售肉类总产量	吨	1 368 233	4 039 837
其中：牛肉	吨	502 355	681 777
羊肉	吨	549 944	563 217
猪肉	吨	241 457	2 050 835
出售奶总量	吨	2 218 597	6 069 353
出售羊毛总量	吨	84 137	121 265
出售羊绒总量	吨	5 631	2 492

4－5 全国生猪饲养规模比重变化情况

单位：%

项　目	2011 年	2012 年
年出栏 1～49 头	33.2	31.9
年出栏 50 头以上	66.8	68.1
年出栏 100 头以上	54.4	56.1
年出栏 500 头以上	36.6	38.5
年出栏 1 000 头以上	25.8	27.4
年出栏 3 000 头以上	16.3	17.5
年出栏 5 000 头以上	11.6	12.7
年出栏 10 000 头以上	7.3	8.1
年出栏 50 000 头以上	1.2	1.4

注：此表比重指不同规模年出栏数占全部出栏数比重。

4－6 全国蛋鸡饲养规模比重变化情况

单位：%

项　目	2011 年	2012 年
年存栏 1～499 只	20.0	20.5
年存栏 500 只以上	80.0	79.5
年存栏 2 000 只以上	64.5	65.5
年存栏 10 000 只以上	29.2	31.9
年存栏 50 000 只以上	7.8	9.0
年存栏 100 000 只以上	3.6	4.2
年存栏 500 000 只以上	0.6	0.7

注：此表比重指不同规模年存栏数占全部存栏数比重。

4－7 全国肉鸡饲养规模比重变化情况

单位：%

项 目	2011 年	2012 年
年出栏 1～1999 只	13.9	14.6
年出栏 2 000 只以上	86.1	85.4
年出栏 10 000 只以上	69.3	70.5
年出栏 50 000 只以上	36.6	40.2
年出栏 100 000 只以上	24.5	27.9
年出栏 500 000 只以上	14.1	16.3
年出栏 100 万只以上	9.6	10.8

注：此表比重指不同规模年出栏数占全部出栏数比重。

4－8 全国奶牛饲养规模比重变化情况

单位：%

项 目	2011 年	2012 年
年存栏 1～4 头	24.0	22.6
年存栏 5 头以上	76.0	77.4
年存栏 10 头以上	63.0	65.9
年存栏 20 头以上	51.1	55.6
年存栏 50 头以上	40.5	46.3
年存栏 100 头以上	32.9	37.2
年存栏 200 头以上	28.4	32.3
年存栏 500 头以上	20.8	25.0
年存栏 1 000 头以上	12.1	15.4

注：此表比重指不同规模年存栏数占全部存栏数比重。

4-9 全国肉牛饲养规模比重变化情况

单位：%

项　　目	2011年	2012年
年出栏1~9头	57.1	56.4
年出栏10头以上	42.9	43.6
年出栏50头以上	24.6	26.1
年出栏100头以上	14.8	16.3
年出栏500头以上	6.3	6.8
年出栏1 000头以上	2.8	3.0

注：此表比重指不同规模年出栏数占全部出栏数比重。

4-10 全国羊饲养规模比重变化情况

单位：%

项　　目	2011年	2012年
年出栏1~29只	48.9	45.5
年出栏30只以上	51.1	54.5
年出栏100只以上	25.0	28.3
年出栏500只以上	7.9	9.6
年出栏1 000只以上	3.6	4.9

注：此表比重指不同规模年出栏数占全部出栏数比重。

4-11 各地区种畜禽场、站当年生产精液情况

单位：万份

地 区	种公牛站	种公羊站	种公猪站
全国总计	**1 735.82**	**41.58**	**6 059.79**
北 京	219.00	0	39.61
天 津	0	0	97.34
河 北	160.00	0	231.10
山 西	55.80	0.73	0.60
内 蒙 古	171.02	15.00	5.80
辽 宁	136.00	0	116.21
吉 林	156.10	0.04	168.74
黑 龙 江	0	0	438.37
上 海	235.78	0	0
江 苏	39.60	0	398.73
浙 江	0	0	100.00
安 徽	50.00	0.10	344.02
福 建	0	0	82.36
江 西	0	0	77.79
山 东	36.21	0	545.52
河 南	188.63	0	351.45
湖 北	1.45	0	656.74
湖 南	1.08	0	632.38
广 东	0	0	213.06
广 西	77.52	0	66.26
海 南	0	0	77.16
重 庆	0	0	242.90
四 川	0	25.71	579.17
贵 州	0	0	0.01
云 南	70.88	0	402.28
西 藏	0	0	0
陕 西	46.44	0	157.95
甘 肃	0.30	0	13.40
青 海	0	0	0
宁 夏	90.00	0	20.85
新 疆	0	0	0

4-12 各地区种畜禽场、站个数

单位：个

地　区	种畜禽场总数	种牛场	种乳牛场	种肉牛场	种水牛场	种牦牛场	种马场	种猪场
全国总计	**14 264**	**481**	**280**	**159**	**14**	**28**	**29**	**7 970**
北　京	160	9	8	1	0	0	4	85
天　津	22	0	0	0	0	0	1	12
河　北	492	11	8	3	0	0	0	270
山　西	352	13	12	1	0	0	0	211
内蒙古	478	37	19	18	0	0	5	125
辽　宁	1 091	40	36	4	0	0	3	552
吉　林	499	5	0	5	0	0	3	268
黑龙江	485	19	17	2	0	0	0	330
上　海	60	1	0	1	0	0	1	25
江　苏	402	3	2	0	1	0	0	141
浙　江	321	1	0	0	1	0	0	79
安　徽	765	4	1	2	1	0	0	414
福　建	646	30	26	2	2	0	1	518
江　西	443	2	0	1	1	0	0	332
山　东	1 128	51	35	16	0	0	3	436
河　南	495	6	3	3	0	0	0	318
湖　北	593	12	1	10	1	0	0	392
湖　南	545	12	2	9	1	0	0	390
广　东	917	10	3	7	0	0	0	669
广　西	340	3	0	1	2	0	1	187
海　南	391	12	1	10	1	0	0	202
重　庆	902	23	9	13	1	0	0	367
四　川	953	20	9	6	0	5	0	596
贵　州	133	1	0	1	0	0	0	87
云　南	354	7	0	5	2	0	1	248
西　藏	18	6	5	0	0	1	0	3
陕　西	650	53	43	10	0	0	1	455
甘　肃	364	53	27	21	0	5	1	189
青　海	66	19	3	0	0	16	1	11
宁　夏	41	1	1	0	0	0	0	19
新　疆	158	17	9	7	0	1	3	39

4－12 续表 1

单位：个

地 区	种羊场	种绵羊场	种细毛羊场	种山羊场	种绒山羊场	种禽场	种蛋鸡场
全国总计	**1 288**	**551**	**90**	**737**	**154**	**3 731**	**1 096**
北 京	4	4	0	0	0	58	25
天 津	1	1	0	0	0	8	7
河 北	40	34	3	6	3	160	104
山 西	50	28	0	22	10	66	54
内蒙古	259	213	39	46	41	43	22
辽 宁	49	10	3	39	38	414	79
吉 林	18	15	12	3	1	174	30
黑龙江	14	10	4	4	3	119	61
上 海	5	1	0	4	0	19	11
江 苏	14	5	0	9	0	209	58
浙 江	24	17	0	7	0	161	18
安 徽	59	10	1	49	0	251	56
福 建	6	0	0	6	0	88	8
江 西	3	0	0	3	0	96	27
山 东	43	12	0	31	2	534	142
河 南	11	4	0	7	0	151	78
湖 北	44	0	0	44	0	126	60
湖 南	34	0	0	34	0	95	25
广 东	10	0	0	10	0	207	10
广 西	7	0	0	7	0	103	5
海 南	16	0	0	16	0	158	13
重 庆	197	3	0	194	0	151	65
四 川	51	9	1	42	0	142	28
贵 州	26	4	0	22	1	14	6
云 南	57	8	1	49	0	37	13
西 藏	5	3	0	2	2	4	2
陕 西	69	11	6	58	42	60	42
甘 肃	69	55	4	14	5	36	26
青 海	30	28	2	2	2	1	1
宁 夏	10	8	0	2	0	11	6
新 疆	63	58	14	5	4	35	14

4-12 续表2

单位：个

地 区	祖代蛋鸡场	父母代场	种肉鸡场	祖代以上肉鸡场	父母代场	种鸭场	种鹅场
全国总计	**71**	**1 025**	**1 756**	**123**	**1 633**	**644**	**235**
北 京	6	19	30	8	22	3	0
天 津	2	5	1	0	1	0	0
河 北	8	96	50	8	42	6	0
山 西	1	53	9	0	9	2	1
内 蒙 古	0	22	16	0	16	2	3
辽 宁	2	77	303	2	301	21	11
吉 林	0	30	127	7	120	6	11
黑 龙 江	1	60	51	0	51	3	4
上 海	1	10	4	1	3	4	0
江 苏	4	54	95	8	87	44	12
浙 江	2	16	52	7	45	68	23
安 徽	7	49	99	12	87	59	37
福 建	0	8	67	10	57	12	1
江 西	6	21	22	5	17	26	21
山 东	3	139	251	3	248	130	11
河 南	3	75	54	5	49	14	5
湖 北	3	57	33	0	33	24	9
湖 南	3	22	39	10	29	16	15
广 东	1	9	163	12	151	23	11
广 西	0	5	83	1	82	10	5
海 南	2	11	39	14	25	85	21
重 庆	4	61	29	1	28	45	12
四 川	3	25	65	3	62	38	11
贵 州	2	4	5	1	4	1	2
云 南	3	10	18	4	14	1	5
西 藏	0	2	2	0	2	0	0
陕 西	2	40	17	1	16	1	0
甘 肃	0	26	9	0	9	0	1
青 海	0	1	0	0	0	0	0
宁 夏	1	5	5	0	5	0	0
新 疆	1	13	18	0	18	0	3

4-12　续表 3

单位：个

地　区	种兔场	种蜂场	其他	种畜站总数	种公牛站	种公羊站	种公猪站
全国总计	**507**	**106**	**152**	**4 169**	**39**	**167**	**3 960**
北　京	0	0	0	3	1	0	2
天　津	0	0	0	9	0	0	9
河　北	8	1	2	45	2	1	42
山　西	8	0	4	8	1	1	6
内蒙古	4	0	5	18	5	4	9
辽　宁	13	0	20	407	1	99	307
吉　林	19	1	11	102	2	4	96
黑龙江	2	0	1	135	0	1	134
上　海	1	0	8	1	1	0	0
江　苏	8	2	25	102	1	0	101
浙　江	32	13	11	43	0	0	43
安　徽	19	8	10	78	1	3	74
福　建	3	0	0	23	0	0	23
江　西	5	1	4	23	0	0	23
山　东	44	3	14	86	3	1	79
河　南	4	2	3	114	3	0	111
湖　北	11	5	3	1 059	5	41	1 013
湖　南	5	5	4	509	2	0	507
广　东	12	2	7	21	2	0	19
广　西	12	25	2	15	1	0	14
海　南	0	0	3	27	0	0	27
重　庆	127	32	5	104	1	0	103
四　川	141	1	2	625	1	8	616
贵　州	4	0	1	0	0	0	0
云　南	3	0	1	495	2	2	491
西　藏	0	0	0	0	0	0	0
陕　西	9	1	2	105	1	0	104
甘　肃	12	1	3	6	1	0	5
青　海	1	2	1	0	0	0	0
宁　夏	0	0	0	3	1	0	2
新　疆	0	1	0	3	1	2	0

4－13 各地区种畜禽场、站年末存栏情况

单位：个、头、只、套、箱

地区	种牛场	种乳牛场	种肉牛场	种水牛场	种牦牛场	种马场
全国总计	**78 115**	**432 628**	**94 303**	**5 224**	**248 960**	**4 207**
北京	10 357	9 957	400	0	0	268
天津	0	0	0	0	0	62
河北	21 108	19 666	1 442	0	0	0
山西	13 643	13 298	345	0	0	0
内蒙古	64 215	50 084	14 131	0	0	771
辽宁	86 578	85 844	734	0	0	104
吉林	10 273	0	10 273	0	0	193
黑龙江	22 976	21 766	1 210	0	0	0
上海	193	0	193	0	0	54
江苏	2 935	2 753	0	182	0	0
浙江	130	0	0	130	0	0
安徽	804	260	460	84	0	0
福建	28 559	25 973	2 298	288	0	88
江西	661	0	331	330	0	0
山东	81 086	65 767	15 319	0	0	129
河南	3 796	2 476	1 320	0	0	0
湖北	7 578	3 328	4 030	220	0	0
湖南	7 147	1 456	5 041	650	0	0
广东	2 291	775	1 516	0	0	0
广西	2 252	0	56	2 196	0	206
海南	2 342	550	1 478	314	0	0
重庆	10 991	5 090	5 873	28	0	0
四川	41 624	12 333	1 647	0	27 644	0
贵州	1 082	0	1 082	0	0	0
云南	2 345	0	1 543	802	0	4
西藏	13 610	13 610	0	0	0	0
陕西	52 062	45 248	6 814	0	0	55
甘肃	133 370	22 803	13 285	0	97 282	1 666
青海	110 938	3 526	0	0	107 412	414
宁夏	1 800	1 800	0	0	0	0
新疆	44 369	24 265	3 482	0	16 622	193

4-13 续表 1

单位：个、头、只、套、箱

地区	种猪场	种羊场	种绵羊场	种细毛羊场	种山羊场	种绒山羊场
全国总计	**23 904 827**	**1 997 620**	**1 512 000**	**366 695**	**485 620**	**173 465**
北京	342 309	3 570	3 570	0	0	0
天津	125 888	4 005	4 005	0	0	0
河北	1 063 766	65 497	60 852	2 940	4 645	3 145
山西	716 902	56 174	29 318	0	26 856	17 819
内蒙古	254 754	568 559	492 626	122 266	75 933	72 726
辽宁	201 316	22 209	11 836	6 917	10 373	10 173
吉林	415 237	23 051	17 841	14 871	5 210	4 500
黑龙江	797 948	15 819	10 715	5 817	5 104	4 204
上海	214 413	9 668	6 015	0	3 653	0
江苏	573 825	15 473	10 518	0	4 955	0
浙江	508 525	32 161	28 788	0	3 373	0
安徽	747 648	30 043	8 097	1 350	21 946	0
福建	1 464 357	5 273	0	0	5 273	0
江西	462 199	1 583	0	0	1 583	0
山东	1 160 092	29 416	8 410	0	21 006	1 110
河南	3 387 602	29 354	9 550	0	19 804	0
湖北	2 376 838	19 103	0	0	19 103	0
湖南	1 333 697	18 622	0	0	18 622	0
广东	3 172 764	3 100	0	0	3 100	0
广西	758 035	10 059	0	0	10 059	0
海南	275 011	7 916	0	0	7 916	0
重庆	312 974	54 343	842	0	53 501	0
四川	983 649	92 552	46 454	28 472	46 098	0
贵州	246 301	23 683	3 992	0	19 691	3 000
云南	262 300	35 056	8 243	1 189	26 813	0
西藏	2 185	48 811	48 811	0	0	0
陕西	1 223 608	36 541	6 824	2 797	29 717	24 822
甘肃	284 621	81 154	75 054	9 828	6 100	2 940
青海	27 353	129 423	128 123	6 203	1 300	1 300
宁夏	28 660	24 042	21 202	0	2 840	0
新疆	180 050	501 360	470 314	164 045	31 046	27 726

4－13 续表 2

单位：个、头、只、套、箱

地 区	种蛋鸡场	祖代蛋鸡场	父母代场	种肉鸡场	祖代以上肉鸡场	父母代场
全国总计	**39 484 445**	**3 523 263**	**35 961 182**	**94 717 114**	**3 183 345**	**91 533 769**
北 京	1 692 540	394 860	1 297 680	1 245 080	284 080	961 000
天 津	147 950	80 000	67 950	24 000	0	24 000
河 北	3 301 150	234 000	3 067 150	2 402 012	260 000	2 142 012
山 西	3 167 661	8 500	3 159 161	2 035 000	0	2 035 000
内蒙古	1 332 152	0	1 332 152	523 200	0	523 200
辽 宁	1 811 110	136 000	1 675 110	8 775 309	43 000	8 732 309
吉 林	728 050	0	728 050	4 650 504	191 000	4 459 504
黑龙江	906 662	16 020	890 642	985 080	0	985 080
上 海	491 472	10 000	481 472	71 500	3 500	68 000
江 苏	1 715 632	60 000	1 655 632	4 745 901	181 630	4 564 271
浙 江	560 500	46 700	513 800	3 143 620	304 080	2 839 540
安 徽	1 702 860	295 544	1 407 316	7 744 060	410 000	7 334 060
福 建	370 860	0	370 860	3 989 119	169 950	3 819 169
江 西	253 002	76 898	176 104	346 726	46 656	300 070
山 东	4 859 868	538 000	4 321 868	15 819 934	222 496	15 597 438
河 南	4 877 666	538 787	4 338 879	5 790 457	224 080	5 566 377
湖 北	2 816 632	337 800	2 478 832	3 005 270	0	3 005 270
湖 南	1 266 579	66 330	1 200 249	3 495 685	111 175	3 384 510
广 东	543 359	100	543 259	7 864 225	565 746	7 298 479
广 西	66 012	0	66 012	9 739 508	30 000	9 709 508
海 南	436 797	54 436	382 361	1 125 565	31 024	1 094 541
重 庆	1 219 803	93 940	1 125 863	688 957	6 741	682 216
四 川	1 119 655	251 000	868 655	2 403 872	36 105	2 367 767
贵 州	982 494	14 620	967 874	307 432	2 432	305 000
云 南	331 695	15 228	316 467	878 657	26 650	852 007
西 藏	39 205	0	39 205	28 689	0	28 689
陕 西	1 197 078	23 000	1 174 078	1 928 100	33 000	1 895 100
甘 肃	660 241	0	660 241	324 152	0	324 152
青 海	3 000	0	3 000	0	0	0
宁 夏	703 300	207 500	495 800	347 500	0	347 500
新 疆	179 460	24 000	155 460	288 000	0	288 000

4-13 续表 3

单位：个、头、只、套、箱

地区	种鸭场	种鹅场	种兔场	种蜂场	种公牛站	种公羊站	种公猪站
全国总计	**19 141 745**	**1 845 880**	**2 287 820**	**95 095**	**2 568**	**6 729**	**121 686**
北　京	92 000	0	0	0	186	0	321
天　津	0	0	0	0	0	0	687
河　北	218 800	0	30 235	750	134	2 500	4 419
山　西	172 000	30 000	56 020	0	52	20	34
内蒙古	220 000	29 593	34 747	0	369	160	322
辽　宁	379 610	121 000	68 540	0	62	1 154	7 603
吉　林	51 100	241 000	85 520	7 200	143	10	27 514
黑龙江	103 550	25 900	1 600	0	0	15	15 851
上　海	95 940	0	7 000	0	177	0	0
江　苏	2 277 800	100 960	63 272	220	33	0	2 596
浙　江	965 330	184 755	239 928	3 705	0	0	1 630
安　徽	2 207 800	177 650	37 428	5 650	120	1 210	2 761
福　建	249 500	2 000	7 730	0	0	0	1 072
江　西	129 470	23 000	21 792	456	0	0	1 363
山　东	6 240 657	70 650	524 845	1 141	39	38	12 287
河　南	1 346 000	247 335	81 800	1 838	323	0	5 438
湖　北	1 369 650	113 480	133 780	27 272	234	110	7 350
湖　南	117 266	107 769	31 465	980	21	0	8 681
广　东	123 703	47 560	26 329	710	44	0	1 291
广　西	1 700 103	70 879	69 224	500	105	0	686
海　南	365 730	39 644	0	0	0	0	683
重　庆	260 500	30 077	140 248	16 540	145	0	2 955
四　川	447 136	102 243	463 717	50	95	250	6 092
贵　州	2 100	3 035	39 442	0	0	0	3
云　南	6 000	42 550	7 600	0	146	1 262	8 071
西　藏	0	0	0	0	0	0	0
陕　西	0	0	52 658	68	43	0	1 615
甘　肃	0	12 000	42 900	11 600	22	0	155
青　海	0	0	20 000	415	0	0	0
宁　夏	0	0	0	0	75	0	206
新　疆	0	22 800	0	16 000	0	0	0

4-14 各地区种畜禽场、站能繁母畜存栏情况

单位：头、只

地 区	种牛场					种马场
		种乳牛场	种肉牛场	种水牛场	种牦牛场	
全国总计	**416 809**	**278 866**	**53 571**	**3 348**	**81 024**	**1 679**
北 京	6 762	6 412	350	0	0	69
天 津	0	0	0	0	0	22
河 北	10 791	9 954	837	0	0	0
山 西	8 140	7 949	191	0	0	0
内蒙古	39 297	29 912	9 385	0	0	538
辽 宁	74 216	73 580	636	0	0	64
吉 林	6 263	0	6 263	0	0	153
黑龙江	12 070	10 910	1 160	0	0	0
上 海	65	0	65	0	0	23
江 苏	2 586	2 465	0	121	0	0
浙 江	80	0	0	80	0	0
安 徽	477	115	300	62	0	0
福 建	14 419	13 828	432	159	0	69
江 西	424	0	264	160	0	0
山 东	46 354	38 527	7 827	0	0	90
河 南	2 110	1 300	810	0	0	0
湖 北	5 244	2 283	2 805	156	0	0
湖 南	4 722	1 014	3 213	495	0	0
广 东	1 131	439	692	0	0	0
广 西	1 461	0	41	1 420	0	135
海 南	1 255	250	755	250	0	0
重 庆	7 790	3 645	4 125	20	0	0
四 川	22 184	7 135	1 262	0	13 787	0
贵 州	456	0	456	0	0	0
云 南	1 024	0	599	425	0	2
西 藏	10 108	10 108	0	0	0	0
陕 西	30 643	27 163	3 480	0	0	32
甘 肃	33 384	17 307	5 711	0	10 366	271
青 海	49 954	2 824	0	0	47 130	127
宁 夏	950	950	0	0	0	0
新 疆	22 449	10 796	1 912	0	9 741	84

4-14 续表

单位：头、只

地区	种猪场	种羊场	种绵羊场	种细毛羊场	种山羊场	种绒山羊场
全国总计	**4 841 641**	**1 314 928**	**1 003 855**	**218 240**	**311 073**	**111 952**
北京	56 341	2 325	2 325	0	0	0
天津	14 963	2 600	2 600	0	0	0
河北	206 747	29 183	25 738	1 450	3 445	2 245
山西	85 176	24 629	13 179	0	11 450	5 582
内蒙古	54 025	397 376	346 185	60 071	51 191	49 041
辽宁	167 222	16 272	7 045	3 672	9 227	9 227
吉林	178 019	14 362	11 642	9 631	2 720	2 300
黑龙江	128 564	9 251	6 234	3 408	3 017	2 667
上海	25 932	5 570	3 200	0	2 370	0
江苏	138 589	8 863	5 822	0	3 041	0
浙江	66 431	14 847	13 046	0	1 801	0
安徽	193 614	18 303	5 973	460	12 330	0
福建	222 096	2 661	0	0	2 661	0
江西	303 162	1 221	0	0	1 221	0
山东	269 371	18 254	4 426	0	13 828	591
河南	397 819	11 808	3 600	0	8 208	0
湖北	283 465	12 189	0	0	12 189	0
湖南	280 736	11 899	0	0	11 899	0
广东	542 059	1 980	0	0	1 980	0
广西	177 394	5 498	0	0	5 498	0
海南	122 610	3 618	0	0	3 618	0
重庆	96 359	38 175	621	0	37 554	0
四川	352 755	50 263	16 401	9 929	33 862	0
贵州	49 118	16 098	2 735	0	13 363	1 250
云南	75 765	19 443	3 956	522	15 487	0
西藏	1 885	46 229	46 229	0	0	0
陕西	213 045	25 434	4 336	1 519	21 098	17 552
甘肃	76 483	63 094	58 606	7 640	4 488	2 330
青海	11 137	79 480	78 720	3 800	760	760
宁夏	8 612	14 954	13 224	0	1 730	0
新疆	42 147	349 049	328 012	116 138	21 037	18 407

4-15 各地区种畜禽场、站当年出场种畜禽情况

单位：头、只、套

地区	种牛场					种马场	种猪场
		种乳牛场	种肉牛场	种水牛场	种牦牛场		
全国总计	**62 482**	**30 168**	**19 085**	**1 048**	**12 181**	**280**	**26 175 400**
北京	200	140	60	0	0	0	269 826
天津	0	0	0	0	0	7	97 807
河北	899	840	59	0	0	0	1 072 595
山西	1 703	1 651	52	0	0	0	523 915
内蒙古	11 738	7 910	3 828	0	0	131	295 544
辽宁	175	75	100	0	0	0	1 047 571
吉林	2 780	0	2 780	0	0	54	768 002
黑龙江	1 600	1 510	90	0	0	0	603 391
上海	0	0	0	0	0	0	98 315
江苏	0	0	0	0	0	0	793 690
浙江	43	0	0	43	0	0	231 098
安徽	0	0	0	0	0	0	790 779
福建	658	612	31	15	0	20	677 220
江西	60	0	0	60	0	0	1 035 536
山东	8 618	6 256	2 362	0	0	0	1 260 358
河南	451	190	261	0	0	0	2 504 614
湖北	1 618	450	1 088	80	0	0	1 578 626
湖南	1 587	0	1 340	247	0	0	1 386 362
广东	75	0	75	0	0	0	3 831 350
广西	499	0	21	478	0	0	1 051 782
海南	517	0	423	94	0	0	810 331
重庆	1 576	721	847	8	0	0	500 000
四川	2 711	642	324	0	1 745	0	2 256 308
贵州	164	0	164	0	0	0	356 211
云南	466	0	443	23	0	0	308 146
西藏	1 095	1 095	0	0	0	0	3 933
陕西	3 673	1 829	1 844	0	0	0	1 492 057
甘肃	7 780	3 138	2 267	0	2 375	3	310 859
青海	8 011	0	0	0	8 011	44	81 465
宁夏	0	0	0	0	0	0	27 677
新疆	3 785	3 109	626	0	50	21	110 032

4-15　续表

单位：头、匹、只

地　区	种羊场	种绵羊场	种细毛羊场	种山羊场	种绒山羊场	祖代蛋鸡场	祖代以上肉鸡场
全国总计	**791 124**	**457 369**	**77 258**	**333 755**	**62 601**	**115 125 481**	**64 923 532**
北　京	2 215	2 215	0	0	0	7 169 136	1 345 300
天　津	1 650	1 650	0	0	0	0	0
河　北	36 757	33 497	1 500	3 260	2 060	7 356 000	11 683 501
山　西	31 002	21 515	0	9 487	5 719	0	0
内蒙古	155 798	132 068	42 852	23 730	22 494	0	0
辽　宁	12 729	5 473	1 206	7 256	7 256	10 300 000	1 200 000
吉　林	7 148	6 868	5 561	280	0	0	510 000
黑龙江	5 332	4 338	2 272	994	894	0	0
上　海	10 910	7 576	0	3 334	0	400 000	90 000
江　苏	7 763	4 560	0	3 203	0	1 200 000	4 620 000
浙　江	17 756	14 606	0	3 150	0	681 000	4 609 460
安　徽	22 437	3 354	160	19 083	0	3 566 366	1 000
福　建	2 119	0	0	2 119	0	0	3 207 000
江　西	1 525	0	0	1 525	0	235 480	2 783 100
山　东	25 182	7 934	0	17 248	0	23 540 000	6 561 940
河　南	13 088	6 950	0	6 138	0	43 452 295	1 563 600
湖　北	18 690	0	0	18 690	0	138 480	0
湖　南	24 650	0	0	24 650	0	54 968	3 673 000
广　东	1 690	0	0	1 690	0	0	22 295 420
广　西	3 146	0	0	3 146	0	0	0
海　南	5 100	0	0	5 100	0	31 693	107 211
重　庆	69 776	633	0	69 143	0	277 893	0
四　川	53 510	7 810	4 271	45 700	0	1 455 170	286 000
贵　州	22 155	1 762	0	20 393	2 980	220 000	0
云　南	18 232	2 606	115	15 626	0	13 637 000	345 000
西　藏	33 379	33 379	0	0	0	0	0
陕　西	23 512	2 711	806	20 801	17 582	210 000	42 000
甘　肃	62 668	59 078	3 963	3 590	570	0	0
青　海	18 357	17 637	1 766	720	720	0	0
宁　夏	12 467	11 817	0	650	0	0	0
新　疆	70 381	67 332	12 786	3 049	2 326	1 200 000	0

4-16 各地区种畜禽场、站当年生产胚胎情况

单位：枚

地　　区	种牛场	种乳牛场	种肉牛场	种水牛场	种牦牛场
全国总计	**53 668**	**38 807**	**12 669**	**2 192**	**0**
北　　京	0	0	0	0	0
天　　津	0	0	0	0	0
河　　北	6 235	4 862	1 373	0	0
山　　西	1 750	1 750	0	0	0
内 蒙 古	5 000	0	5 000	0	0
辽　　宁	3 427	3 427	0	0	0
吉　　林	0	0	0	0	0
黑 龙 江	0	0	0	0	0
上　　海	0	0	0	0	0
江　　苏	0	0	0	0	0
浙　　江	0	0	0	0	0
安　　徽	0	0	0	0	0
福　　建	580	580	0	0	0
江　　西	90	0	90	0	0
山　　东	7 079	6 725	354	0	0
河　　南	0	0	0	0	0
湖　　北	15 380	15 380	0	0	0
湖　　南	4 470	0	4 470	0	0
广　　东	351	351	0	0	0
广　　西	2 056	0	0	2 056	0
海　　南	136	0	0	136	0
重　　庆	152	152	0	0	0
四　　川	3 664	3 640	24	0	0
贵　　州	267	0	267	0	0
云　　南	256	0	256	0	0
西　　藏	0	0	0	0	0
陕　　西	1 780	1 780	0	0	0
甘　　肃	835	0	835	0	0
青　　海	0	0	0	0	0
宁　　夏	0	0	0	0	0
新　　疆	160	160	0	0	0

4-16 续表

单位：枚

地 区	种羊场	种绵羊场	种细毛羊场	种山羊场	种绒山羊场
全国总计	**128 548**	**25 744**	**1 260**	**102 804**	**77 207**
北 京	0	0	0	0	0
天 津	2 100	2 100	0	0	0
河 北	100	100	0	0	0
山 西	1 175	878	0	297	297
内蒙古	15 709	15 709	100	0	0
辽 宁	220	0	0	220	220
吉 林	30	30	30	0	0
黑龙江	0	0	0	0	0
上 海	0	0	0	0	0
江 苏	0	0	0	0	0
浙 江	0	0	0	0	0
安 徽	4 740	1 100	1 100	3 640	0
福 建	0	0	0	0	0
江 西	0	0	0	0	0
山 东	1 609	0	0	1 609	0
河 南	2 000	2 000	0	0	0
湖 北	1 242	0	0	1 242	0
湖 南	11 998	0	0	11 998	0
广 东	0	0	0	0	0
广 西	686	0	0	686	0
海 南	0	0	0	0	0
重 庆	2 462	0	0	2 462	0
四 川	2 867	668	0	2 199	0
贵 州	0	0	0	0	0
云 南	1 137	314	0	823	0
西 藏	0	0	0	0	0
陕 西	76 642	292	0	76 350	76 350
甘 肃	2 010	1 072	0	938	0
青 海	0	0	0	0	0
宁 夏	0	0	0	0	0
新 疆	1 821	1 481	30	340	340

4-17 各地区畜牧站基本情况

单位：个、人

地区	省级机构数	在编干部职工人数	按职称分		
			高级技术职称	中级技术职称	初级技术职称
全国总计	**32**	**1 552**	**416**	**353**	**221**
北京	1	99	24	18	17
天津	1	77	25	23	14
河北	1	50	18	7	4
山西	0	0	0	0	0
内蒙古	0	0	0	0	0
辽宁	1	21	0	0	0
吉林	1	16	11	3	2
黑龙江	1	15	4	2	1
上海	0	0	0	0	0
江苏	1	19	12	2	2
浙江	2	68	4	9	3
安徽	1	13	5	5	1
福建	1	20	11	5	1
江西	1	83	10	15	18
山东	1	30	9	10	7
河南	1	24	12	5	7
湖北	1	5	2	0	1
湖南	3	182	52	31	22
广东	1	18	5	8	0
广西	1	29	10	11	3
海南	1	19	3	5	6
重庆	1	48	16	7	5
四川	1	59	20	11	8
贵州	2	40	14	11	1
云南	0	0	0	0	0
西藏	0	0	0	0	0
陕西	1	56	12	25	11
甘肃	1	150	29	18	8
青海	2	114	32	34	28
宁夏	1	31	17	3	5
新疆	2	266	59	85	46

4-17 续表1

单位：个、人

地区	按学历分				离退休人员
	研究生	大学本科	大学专科	中专	
全国总计	**229**	**614**	**248**	**68**	**820**
北京	22	39	18	5	45
天津	8	43	16	3	64
河北	2	32	11	0	2
山西	0	0	0	0	0
内蒙古	0	0	0	0	0
辽宁	4	12	4	1	0
吉林	4	11	1	0	9
黑龙江	0	10	2	1	2
上海	0	0	0	0	0
江苏	7	5	3	2	16
浙江	24	34	7	1	30
安徽	4	5	3	0	2
福建	6	6	4	1	11
江西	16	22	10	2	61
山东	10	7	6	3	7
河南	3	14	6	1	10
湖北	1	2	2	0	0
湖南	18	83	26	10	84
广东	6	2	2	0	14
广西	5	16	6	2	7
海南	5	6	7	1	0
重庆	10	22	14	2	14
四川	0	0	0	0	0
贵州	12	16	10	0	32
云南	0	0	0	0	0
西藏	0	0	0	0	0
陕西	3	44	3	1	88
甘肃	2	12	12	4	110
青海	18	50	16	7	75
宁夏	2	18	8	3	0
新疆	37	103	51	18	137

4-17 续表 2

单位：个、人

地区	地（市）级机构数	在编干部职工人数	按职称分		
			高级技术职称	中级技术职称	初级技术职称
全国总计	**406**	**5909**	**1 259**	**1 550**	**1 209**
北京	0	0	0	0	0
天津	0	0	0	0	0
河北	21	601	119	116	148
山西	5	107	5	9	8
内蒙古	14	437	80	97	73
辽宁	12	96	14	24	21
吉林	19	183	57	33	31
黑龙江	10	66	34	23	7
上海	0	0	0	0	0
江苏	13	162	62	47	36
浙江	12	252	8	3	1
安徽	19	220	59	69	62
福建	9	69	16	11	10
江西	11	148	50	46	34
山东	20	267	62	85	56
河南	16	260	65	75	61
湖北	12	95	16	34	42
湖南	14	136	23	43	44
广东	47	218	32	51	39
广西	14	109	14	39	28
海南	1	5	0	3	2
重庆	0	0	0	0	0
四川	19	313	70	89	40
贵州	28	240	36	76	45
云南	14	282	82	93	60
西藏	0	0	0	0	0
陕西	11	326	50	75	77
甘肃	21	514	93	136	143
青海	8	219	72	96	34
宁夏	4	39	14	11	5
新疆	32	545	126	166	102

4－17 续表3

单位：个、人

地区	按学历分				离退休人员
	研究生	大学本科	大学专科	中专	
全国总计	**442**	**2 775**	**1 319**	**586**	**2 752**
北京	0	0	0	0	0
天津	0	0	0	0	0
河北	28	211	104	84	191
山西	3	64	24	5	90
内蒙古	40	172	90	46	380
辽宁	9	58	18	9	74
吉林	16	84	32	11	127
黑龙江	10	50	4	2	39
上海	0	0	0	0	0
江苏	37	84	26	5	112
浙江	46	174	21	7	121
安徽	11	99	63	34	73
福建	10	30	16	8	21
江西	13	90	32	9	62
山东	28	159	42	18	72
河南	7	115	88	30	98
湖北	4	47	28	12	33
湖南	25	77	21	9	20
广东	18	69	62	27	98
广西	7	52	24	12	55
海南	0	2	3	0	12
重庆	0	0	0	0	0
四川	15	164	80	27	75
贵州	19	107	66	21	95
云南	22	126	67	44	164
西藏	0	0	0	0	0
陕西	23	105	91	31	133
甘肃	27	220	125	65	256
青海	3	119	53	39	120
宁夏	4	20	6	3	10
新疆	17	277	133	28	221

4-17 续表 4

单位：个、人

地 区	县（市）级机构数	在编干部职工人数	按照职称分		
			高级技术职称	中级技术职称	初级技术职称
全国总计	**3 390**	**54 513**	**5 171**	**16 078**	**16 702**
北 京	15	526	16	95	120
天 津	13	646	71	187	195
河 北	217	3 471	346	936	1 099
山 西	117	1 350	67	395	361
内 蒙 古	116	2 193	235	700	587
辽 宁	69	1 092	121	416	315
吉 林	122	1 924	310	663	684
黑 龙 江	135	1 197	235	519	245
上 海	10	245	47	69	86
江 苏	107	1 871	472	702	474
浙 江	91	1 689	96	384	258
安 徽	111	1 621	258	484	562
福 建	83	392	70	134	124
江 西	118	1 449	198	416	454
山 东	166	3 759	308	1 084	1 478
河 南	197	5 053	241	920	1 199
湖 北	132	2 181	87	685	880
湖 南	192	2 771	151	709	962
广 东	143	2 273	50	307	816
广 西	90	599	22	228	182
海 南	17	411	5	83	192
重 庆	39	595	134	216	115
四 川	161	2 869	228	854	883
贵 州	165	1 574	61	670	625
云 南	123	2 481	400	1 150	573
西 藏	73	766	31	124	255
陕 西	109	3 085	243	778	1 059
甘 肃	124	2 375	190	702	700
青 海	41	917	123	501	224
宁 夏	24	451	130	176	95
新 疆	270	2 687	225	791	900

4－17 续表5

单位：个、人

地区	按学历分				离退休人员
	研究生	大学本科	大学专科	中专	
全国总计	**769**	**14 131**	**19 290**	**11 808**	**20 729**
北京	24	188	170	55	377
天津	4	251	202	106	343
河北	20	797	1 257	780	1 058
山西	8	339	540	314	734
内蒙古	27	740	822	354	1 083
辽宁	9	331	467	187	483
吉林	21	556	573	550	874
黑龙江	17	433	479	167	491
上海	22	95	51	42	224
江苏	91	645	700	263	1 136
浙江	84	751	526	266	702
安徽	38	502	556	366	735
福建	12	166	100	102	142
江西	13	379	566	316	316
山东	77	1 150	1 078	984	1 291
河南	29	613	1 738	1 073	1 466
湖北	11	229	679	700	727
湖南	29	547	894	753	760
广东	14	294	675	609	1 420
广西	2	132	261	128	239
海南	4	44	168	93	162
重庆	49	223	209	91	250
四川	60	881	1 056	541	976
贵州	25	502	734	239	572
云南	12	606	936	674	1 095
西藏	3	151	337	190	90
陕西	12	395	1 174	878	1 253
甘肃	27	642	882	461	459
青海	3	351	356	180	376
宁夏	4	240	145	47	119
新疆	18	958	959	299	776

4-18 各地区家畜繁育改良站基本情况

单位：个、人

地 区	省级机构数	在编干部职工人数	按职称分		
			高级技术职称	中级技术职称	初级技术职称
全国总计	**17**	**680**	**174**	**161**	**98**
北 京	0	0	0	0	0
天 津	0	0	0	0	0
河 北	1	38	16	10	2
山 西	2	26	15	4	3
内蒙古	1	83	25	17	12
辽 宁	0	0	0	0	0
吉 林	0	0	0	0	0
黑龙江	1	124	44	39	6
上 海	0	0	0	0	0
江 苏	0	0	0	0	0
浙 江	0	0	0	0	0
安 徽	1	24	4	9	3
福 建	0	0	0	0	0
江 西	0	0	0	0	0
山 东	0	0	0	0	0
河 南	0	0	0	0	0
湖 北	1	61	13	15	16
湖 南	1	28	10	12	6
广 东	0	0	0	0	0
广 西	1	43	6	13	8
海 南	0	0	0	0	0
重 庆	1	0	0	0	0
四 川	1	43	12	5	2
贵 州	1	21	1	4	1
云 南	1	26	7	8	4
西 藏	0	0	0	0	0
陕 西	1	32	5	7	5
甘 肃	1	42	5	8	9
青 海	1	49	6	8	11
宁 夏	1	40	5	2	10
新 疆	0	0	0	0	0

4-18 续表 1

单位：个、人

地　区	按学历分				离退休人员
	研究生	大学本科	大学专科	中专	
全国总计	**58**	**257**	**139**	**58**	**317**
北　京	0	0	0	0	0
天　津	0	0	0	0	0
河　北	7	10	10	10	5
山　西	5	17	4	0	10
内蒙古	6	29	17	2	32
辽　宁	0	0	0	0	0
吉　林	0	0	0	0	0
黑龙江	10	61	20	2	70
上　海	0	0	0	0	0
江　苏	0	0	0	0	0
浙　江	0	0	0	0	0
安　徽	4	10	6	4	13
福　建	0	0	0	0	0
江　西	0	0	0	0	0
山　东	0	0	0	0	0
河　南	0	0	0	0	0
湖　北	8	18	32	3	0
湖　南	5	18	1	4	0
广　东	0	0	0	0	0
广　西	2	14	9	5	31
海　南	0	0	0	0	0
重　庆	0	0	0	0	0
四　川	0	0	0	0	0
贵　州	0	7	4	1	16
云　南	6	15	1	0	12
西　藏	0	0	0	0	0
陕　西	0	15	4	4	20
甘　肃	0	10	9	5	25
青　海	1	15	16	6	58
宁　夏	4	18	6	12	25
新　疆	0	0	0	0	0

4-18 续表 2

单位：个、人

地区	地（市）级机构数	在编干部职工人数	按职称分		
			高级技术职称	中级技术职称	初级技术职称
全国总计	**109**	**1 977**	**330**	**404**	**300**
北京	0	0	0	0	0
天津	0	0	0	0	0
河北	4	18	2	4	4
山西	12	144	24	46	23
内蒙古	10	400	93	93	51
辽宁	5	30	6	10	4
吉林	3	23	8	5	3
黑龙江	11	86	30	36	7
上海	0	0	0	0	0
江苏	2	66	13	10	17
浙江	0	0	0	0	0
安徽	0	0	0	0	0
福建	0	0	0	0	0
江西	1	0	0	0	0
山东	2	26	4	6	3
河南	11	415	35	25	29
湖北	4	10	1	4	5
湖南	7	86	11	14	19
广东	7	238	12	18	46
广西	2	10	1	1	3
海南	0	0	0	0	0
重庆	0	0	0	0	0
四川	7	69	16	22	14
贵州	6	47	14	12	9
云南	4	46	12	13	6
西藏	0	0	0	0	0
陕西	1	30	1	5	2
甘肃	1	0	0	0	0
青海	1	3	1	0	2
宁夏	0	0	0	0	0
新疆	8	230	46	80	53

4-18 续表3

单位：个、人

地 区	按学历分				离退休人员
	研究生	大学本科	大学专科	中专	
全国总计	**83**	**530**	**446**	**293**	**1 243**
北 京	0	0	0	0	0
天 津	0	0	0	0	0
河 北	0	7	3	3	13
山 西	4	50	33	23	39
内蒙古	19	127	95	61	223
辽 宁	3	17	6	4	15
吉 林	0	11	6	1	13
黑龙江	5	36	33	6	52
上 海	0	0	0	0	0
江 苏	9	12	19	6	62
浙 江	0	0	0	0	0
安 徽	0	0	0	0	0
福 建	0	0	0	0	0
江 西	0	0	0	0	12
山 东	2	9	6	4	2
河 南	7	43	70	51	374
湖 北	1	3	5	1	4
湖 南	2	25	18	27	11
广 东	2	15	50	67	201
广 西	0	1	4	2	15
海 南	0	0	0	0	0
重 庆	0	0	0	0	0
四 川	3	23	18	17	54
贵 州	8	21	9	8	21
云 南	4	24	11	2	19
西 藏	0	0	0	0	0
陕 西	0	2	8	1	10
甘 肃	0	0	0	0	0
青 海	0	1	2	0	0
宁 夏	0	0	0	0	0
新 疆	14	103	50	9	103

4-18 续表 4

单位：个、人

地区	县（市）级机构数	在编干部职工人数	按照职称分		
			高级技术职称	中级技术职称	初级技术职称
全国总计	**1 006**	**8 210**	**719**	**2 497**	**2 421**
北京	9	82	1	3	26
天津	3	36	1	5	18
河北	84	379	28	71	129
山西	105	507	22	200	163
内蒙古	78	1 186	169	401	304
辽宁	30	381	51	158	124
吉林	26	463	60	137	160
黑龙江	76	421	64	221	89
上海	0	0	0	0	0
江苏	33	238	31	54	71
浙江	2	4	0	1	3
安徽	10	56	2	8	15
福建	1	1	1	0	0
江西	9	68	13	22	31
山东	44	326	26	97	94
河南	88	858	35	155	209
湖北	45	289	19	110	124
湖南	70	254	12	83	81
广东	31	661	2	28	138
广西	15	73	1	13	25
海南	2	14	0	1	1
重庆	8	101	17	32	33
四川	75	539	43	200	150
贵州	73	463	19	194	184
云南	34	295	62	142	70
西藏	0	0	0	0	0
陕西	11	137	3	28	31
甘肃	16	179	12	74	64
青海	2	4	0	3	1
宁夏	7	4	0	1	1
新疆	19	191	25	55	82

4-18 续表5

单位：个、人

地区	按学历分				离退休人员
	研究生	大学本科	大学专科	中专	
全国总计	**72**	**1 707**	**2 589**	**1 882**	**3 126**
北京	2	16	15	15	62
天津	0	6	13	12	4
河北	0	47	105	99	113
山西	4	110	173	134	181
内蒙古	10	359	371	255	764
辽宁	4	114	170	82	225
吉林	3	94	134	153	166
黑龙江	1	110	184	74	156
上海	0	0	0	0	0
江苏	1	46	72	44	117
浙江	0	1	1	2	14
安徽	0	3	17	19	63
福建	0	0	0	1	3
江西	1	16	34	14	7
山东	3	56	83	110	135
河南	3	62	221	190	161
湖北	0	44	95	108	44
湖南	3	51	80	74	45
广东	0	13	80	109	220
广西	0	4	26	18	47
海南	0	0	1	1	0
重庆	16	36	30	19	34
四川	10	140	198	103	222
贵州	3	130	198	94	167
云南	3	89	107	77	82
西藏	0	0	0	0	0
陕西	2	14	50	23	33
甘肃	1	46	74	38	24
青海	0	1	3	0	0
宁夏	0	1	1	0	5
新疆	2	98	53	14	32

4-19 各地区草原工作站基本情况

单位：个、人

地 区	省级机构数	在编干部职工人数	按职称分		
			高级技术职称	中级技术职称	初级技术职称
全国总计	**27**	**830**	**225**	**185**	**113**
北 京	1	12	1	6	4
天 津	1	7	2	2	3
河 北	1	6	3	3	0
山 西	2	29	11	9	1
内 蒙 古	1	50	35	6	3
辽 宁	1	19	0	0	0
吉 林	1	29	12	8	9
黑 龙 江	2	30	11	6	6
上 海	0	0	0	0	0
江 苏	0	0	0	0	0
浙 江	0	0	0	0	0
安 徽	0	0	0	0	0
福 建	0	0	0	0	0
江 西	1	0	0	0	0
山 东	0	0	0	0	0
河 南	1	16	11	2	2
湖 北	1	7	0	0	0
湖 南	1	6	3	1	2
广 东	0	0	0	0	0
广 西	1	52	2	8	13
海 南	0	0	0	0	0
重 庆	1	0	0	0	0
四 川	1	38	11	12	5
贵 州	1	14	6	5	1
云 南	1	17	7	4	1
西 藏	0	0	0	0	0
陕 西	1	0	0	0	0
甘 肃	1	101	39	18	19
青 海	2	109	24	27	26
宁 夏	1	37	17	6	7
新 疆	3	251	30	62	11

4-19 续表 1

单位：个、人

地区	按学历分				离退休人员
	研究生	大学本科	大学专科	中专	
全国总计	**82**	**406**	**118**	**36**	**325**
北京	4	6	0	0	16
天津	2	2	3	0	0
河北	3	2	1	0	0
山西	7	18	4	0	2
内蒙古	3	36	3	2	24
辽宁	7	11	1	0	0
吉林	3	14	12	0	7
黑龙江	5	16	6	0	4
上海	0	0	0	0	0
江苏	0	0	0	0	0
浙江	0	0	0	0	0
安徽	0	0	0	0	0
福建	0	0	0	0	0
江西	0	0	0	0	0
山东	0	0	0	0	0
河南	2	10	4	0	3
湖北	1	6	0	0	0
湖南	2	4	0	0	0
广东	0	0	0	0	0
广西	3	16	12	2	43
海南	0	0	0	0	0
重庆	0	0	0	0	0
四川	0	0	0	0	0
贵州	6	4	2	0	5
云南	2	11	0	0	10
西藏	0	0	0	0	0
陕西	0	0	0	0	0
甘肃	5	65	3	6	0
青海	6	48	16	15	69
宁夏	2	22	6	1	9
新疆	19	115	45	10	133

4－19 续表 2

单位：个、人

地 区	地（市）级机构数	在编干部职工人数	按职称分		
			高级技术职称	中级技术职称	初级技术职称
全国总计	**184**	**1 772**	**353**	**509**	**334**
北 京	0	0	0	0	0
天 津	0	0	0	0	0
河 北	4	31	9	10	2
山 西	13	129	24	46	21
内蒙古	20	501	113	123	92
辽 宁	13	54	5	14	9
吉 林	10	66	17	10	12
黑龙江	9	43	20	10	4
上 海	0	0	0	0	0
江 苏	0	0	0	0	0
浙 江	0	0	0	0	0
安 徽	0	0	0	0	0
福 建	4	0	0	0	0
江 西	1	0	0	0	0
山 东	2	15	3	4	2
河 南	9	40	10	11	12
湖 北	1	1	0	1	0
湖 南	5	35	1	8	9
广 东	0	0	0	0	0
广 西	2	4	1	3	0
海 南	0	0	0	0	0
重 庆	0	0	0	0	0
四 川	11	102	22	41	12
贵 州	12	66	14	20	18
云 南	6	30	6	7	2
西 藏	0	0	0	0	0
陕 西	3	46	6	16	11
甘 肃	12	71	13	31	15
青 海	7	122	24	49	17
宁 夏	1	7	2	2	3
新 疆	39	409	63	103	93

4-19 续表 3

单位：个、人

地区	按学历分				离退休人员
	研究生	大学本科	大学专科	中专	
全国总计	**92**	**755**	**492**	**198**	**647**
北京	0	0	0	0	0
天津	0	0	0	0	0
河北	1	17	4	8	20
山西	17	57	21	7	46
内蒙古	31	199	153	52	201
辽宁	2	34	11	4	36
吉林	1	30	18	6	30
黑龙江	5	21	11	2	13
上海	0	0	0	0	0
江苏	0	0	0	0	0
浙江	0	0	0	0	0
安徽	0	0	0	0	0
福建	0	0	0	0	0
江西	0	0	0	0	12
山东	1	9	2	3	2
河南	0	10	8	5	7
湖北	0	0	1	0	0
湖南	2	12	8	3	2
广东	0	0	0	0	0
广西	1	3	0	0	2
海南	0	0	0	0	0
重庆	0	0	0	0	0
四川	1	38	34	18	8
贵州	6	34	19	4	22
云南	1	16	9	3	3
西藏	0	0	0	0	0
陕西	1	8	14	13	17
甘肃	2	30	17	1	28
青海	1	49	35	30	65
宁夏	0	1	3	3	0
新疆	19	187	124	36	133

4-19 续表 4

单位：个、人

地区	县（市）级机构数	在编干部职工人数	按照职称分		
			高级技术职称	中级技术职称	初级技术职称
全国总计	**1 055**	**8 651**	**798**	**2 740**	**2 452**
北京	0	0	0	0	0
天津	0	0	0	0	0
河北	31	220	18	60	48
山西	100	572	25	222	171
内蒙古	114	1 834	192	524	460
辽宁	36	265	32	87	99
吉林	39	571	51	148	166
黑龙江	76	399	53	225	94
上海	0	0	0	0	0
江苏	0	0	0	0	0
浙江	0	0	0	0	0
安徽	3	9	1	7	1
福建	2	0	0	0	0
江西	15	98	21	39	37
山东	5	46	4	22	17
河南	17	157	14	32	38
湖北	20	48	5	24	15
湖南	44	109	6	44	41
广东	5	6	0	3	2
广西	2	4	0	2	2
海南	1	5	0	0	1
重庆	3	29	3	5	0
四川	74	558	84	204	146
贵州	85	393	23	179	148
云南	35	240	46	108	72
西藏	2	11	1	1	2
陕西	16	297	12	74	98
甘肃	77	639	43	187	152
青海	39	590	60	229	185
宁夏	18	210	42	88	61
新疆	196	1 341	62	226	396

4-19 续表 5

单位：个、人

地　区	按学历分				离退休人员
	研究生	大学本科	大学专科	中专	
全国总计	**57**	**2 303**	**3 297**	**1 747**	**2 608**
北　京	0	0	0	0	0
天　津	0	0	0	0	0
河　北	2	46	69	44	33
山　西	1	107	227	138	229
内蒙古	25	559	571	336	831
辽　宁	1	75	117	65	103
吉　林	1	112	194	125	121
黑龙江	1	95	191	80	84
上　海	0	0	0	0	0
江　苏	0	0	0	0	0
浙　江	0	0	0	0	0
安　徽	0	5	3	1	3
福　建	0	0	0	0	0
江　西	2	29	47	18	8
山　东	0	14	19	13	7
河　南	0	17	47	33	72
湖　北	0	11	21	11	11
湖　南	0	32	37	27	4
广　东	0	0	3	1	1
广　西	0	1	2	1	0
海　南	0	0	0	1	0
重　庆	0	8	16	4	2
四　川	5	148	203	105	147
贵　州	3	101	204	67	99
云　南	5	70	94	63	42
西　藏	0	3	3	4	3
陕　西	1	46	120	64	102
甘　肃	7	167	254	130	105
青　海	0	195	213	121	143
宁　夏	0	112	72	22	27
新　疆	3	350	570	273	431

4-20 各地区饲料监察所基本情况

单位：个、人

地 区	省级机构数	在编干部职工人数	按职称分		
			高级技术职称	中级技术职称	初级技术职称
全国总计	**26**	**621**	**232**	**157**	**96**
北 京	1	26	5	6	7
天 津	1	29	12	8	7
河 北	1	20	10	2	1
山 西	1	28	18	7	2
内蒙古	1	19	17	1	0
辽 宁	1	45	0	0	0
吉 林	1	44	14	16	14
黑龙江	1	37	14	17	3
上 海	0	0	0	0	0
江 苏	1	0	0	0	0
浙 江	1	18	7	7	3
安 徽	1	23	7	7	5
福 建	0	0	0	0	0
江 西	1	32	14	3	6
山 东	1	27	10	9	5
河 南	1	18	5	11	2
湖 北	1	10	7	1	2
湖 南	1	25	11	4	5
广 东	1	20	7	6	1
广 西	1	36	17	8	5
海 南	1	13	7	4	0
重 庆	1	0	0	0	0
四 川	1	18	8	5	2
贵 州	1	17	9	6	1
云 南	0	0	0	0	0
西 藏	0	0	0	0	0
陕 西	1	0	0	0	0
甘 肃	0	0	0	0	0
青 海	1	22	2	7	10
宁 夏	1	26	13	2	5
新 疆	1	68	18	20	10

4－20 续表 1

单位：个、人

地 区	按学历分				离退休人员
	研究生	大学本科	大学专科	中专	
全国总计	**133**	**299**	**98**	**24**	**161**
北 京	8	10	3	0	7
天 津	3	13	11	1	17
河 北	6	1	6	6	2
山 西	6	18	3	0	9
内蒙古	2	11	4	1	6
辽 宁	17	24	3	1	0
吉 林	4	20	15	5	0
黑龙江	11	18	7	1	18
上 海	0	0	0	0	0
江 苏	0	0	0	0	0
浙 江	5	10	1	1	2
安 徽	12	6	5	0	12
福 建	0	0	0	0	0
江 西	6	19	1	2	6
山 东	9	11	5	2	4
河 南	6	8	4	0	7
湖 北	3	7	0	0	0
湖 南	5	17	3	0	3
广 东	7	2	3	0	8
广 西	3	23	4	0	17
海 南	6	6	0	0	0
重 庆	0	0	0	0	0
四 川	0	0	0	0	0
贵 州	1	13	2	1	8
云 南	0	0	0	0	0
西 藏	0	0	0	0	0
陕 西	0	0	0	0	0
甘 肃	0	0	0	0	0
青 海	4	14	3	1	7
宁 夏	2	17	7	0	8
新 疆	7	31	8	2	20

4－20　续表2

单位：个、人

地　区	地（市）级机构数	在编干部职工人数	按职称分		
			高级技术职称	中级技术职称	初级技术职称
全国总计	**112**	**1 054**	**182**	**288**	**298**
北　京	0	0	0	0	0
天　津	0	0	0	0	0
河　北	1	19	3	3	9
山　西	4	16	2	9	2
内蒙古	6	51	7	17	8
辽　宁	13	200	23	34	44
吉　林	9	63	16	15	10
黑龙江	9	52	18	21	5
上　海	0	0	0	0	0
江　苏	3	21	11	7	2
浙　江	0	0	0	0	0
安　徽	0	0	0	0	0
福　建	1	2	2	0	0
江　西	3	12	4	7	1
山　东	8	69	18	21	12
河　南	4	45	11	8	22
湖　北	7	143	6	38	91
湖　南	10	35	5	11	6
广　东	7	103	7	19	32
广　西	1	4	0	2	2
海　南	0	0	0	0	0
重　庆	0	0	0	0	0
四　川	4	19	4	6	4
贵　州	4	20	2	6	7
云　南	4	69	15	30	14
西　藏	0	0	0	0	0
陕　西	2	8	1	1	4
甘　肃	7	64	10	21	15
青　海	2	6	1	2	3
宁　夏	2	10	6	1	3
新　疆	1	23	10	9	2

4-20 续表 3

单位：个、人

地区	按学历分				离退休人员
	研究生	大学本科	大学专科	中专	
全国总计	**84**	**503**	**276**	**113**	**355**
北京	0	0	0	0	0
天津	0	0	0	0	0
河北	1	3	5	0	9
山西	0	4	8	2	6
内蒙古	3	29	11	3	9
辽宁	25	134	34	5	51
吉林	0	29	17	11	10
黑龙江	5	33	14	0	20
上海	0	0	0	0	0
江苏	3	12	6	0	4
浙江	0	0	0	0	0
安徽	0	0	0	0	0
福建	0	1	1	0	0
江西	0	7	4	1	12
山东	7	47	3	6	5
河南	11	27	7	0	107
湖北	2	19	72	35	45
湖南	0	15	9	5	1
广东	6	34	29	24	30
广西	0	0	4	0	0
海南	0	0	0	0	0
重庆	0	0	0	0	0
四川	5	5	4	3	6
贵州	1	12	6	1	7
云南	9	29	23	4	22
西藏	0	0	0	0	0
陕西	2	3	2	0	2
甘肃	4	29	13	9	9
青海	0	2	3	1	0
宁夏	0	6	1	3	0
新疆	0	23	0	0	0

4-20 续表 4

单位：个、人

地区	县（市）级机构数	在编干部职工人数	按照职称分		
			高级技术职称	中级技术职称	初级技术职称
全国总计	**783**	**6 285**	**452**	**2 113**	**2 036**
北京	0	0	0	0	0
天津	0	0	0	0	0
河北	70	233	24	62	83
山西	34	297	19	118	88
内蒙古	37	182	19	52	50
辽宁	34	199	17	90	72
吉林	28	418	55	136	137
黑龙江	50	169	25	85	35
上海	0	0	0	0	0
江苏	12	116	15	41	51
浙江	0	0	0	0	0
安徽	4	12	3	4	4
福建	2	21	0	8	8
江西	20	134	17	54	53
山东	80	453	37	135	200
河南	61	982	36	210	267
湖北	60	990	36	358	404
湖南	80	334	15	106	126
广东	19	165	7	36	63
广西	6	34	1	7	17
海南	4	15	0	9	2
重庆	9	53	11	15	4
四川	55	347	21	118	70
贵州	41	115	3	61	37
云南	29	350	57	202	63
西藏	0	0	0	0	0
陕西	5	103	10	17	36
甘肃	32	466	19	146	143
青海	3	10	3	6	1
宁夏	2	28	1	10	10
新疆	6	59	1	27	12

4－20　续表5

单位：个、人

地　区	按学历分				离退休人员
	研究生	大学本科	大学专科	中专	
全国总计	**54**	**1 223**	**2 309**	**1 469**	**812**
北　京	0	0	0	0	0
天　津	0	0	0	0	0
河　北	2	44	78	55	35
山　西	3	49	137	52	61
内蒙古	6	58	61	38	7
辽　宁	3	80	95	15	19
吉　林	0	91	169	98	127
黑龙江	1	48	73	18	15
上　海	0	0	0	0	0
江　苏	3	27	56	18	12
浙　江	0	0	0	0	0
安　徽	0	6	1	4	12
福　建	0	9	3	7	0
江　西	1	34	66	28	19
山　东	7	116	140	117	51
河　南	2	60	301	214	57
湖　北	0	62	270	422	97
湖　南	1	53	121	105	21
广　东	8	37	58	39	74
广　西	0	12	17	3	14
海　南	0	0	4	4	0
重　庆	0	19	17	10	10
四　川	11	119	122	34	68
贵　州	0	19	61	28	23
云　南	0	95	167	54	17
西　藏	0	0	0	0	0
陕　西	2	22	47	25	48
甘　肃	1	124	196	75	21
青　海	1	6	1	2	0
宁　夏	0	9	17	2	2
新　疆	2	24	31	2	2

4-21 各地区乡镇畜牧兽医站基本情况

单位：个、人、万元

地 区	站数	职工总数		
			在编人数	离退休人员
全国总计	**32 621**	**208 515**	**147 391**	**67 692**
北 京	137	1 242	899	562
天 津	138	1 091	780	728
河 北	1 490	7 754	6 102	2 062
山 西	1 149	5 826	4 389	3 189
内 蒙 古	825	8 165	5 894	1 549
辽 宁	2	22	22	26
吉 林	678	6 683	5 888	2 271
黑 龙 江	1 428	8 316	6 976	1 776
上 海	86	718	304	401
江 苏	989	9 546	4 990	5 882
浙 江	725	2 643	1 295	1 545
安 徽	1 200	5 418	2 434	1 232
福 建	985	2 295	1 683	611
江 西	1 424	9 409	4 671	1 397
山 东	1 482	10 400	7 405	3 260
河 南	1 467	7 790	4 879	1 968
湖 北	1 159	20 548	11 376	6 756
湖 南	2 210	16 661	11 076	4 974
广 东	1 215	9 550	6 062	4 840
广 西	1 150	5 290	4 783	1 216
海 南	132	818	493	225
重 庆	923	7 111	6 885	3 806
四 川	4 133	21 411	16 803	10 137
贵 州	1 469	7 046	4 983	427
云 南	1 316	7 055	6 761	1 155
西 藏	542	1 387	897	383
陕 西	1 519	6 205	4 667	2 215
甘 肃	1 229	5 933	5 118	684
青 海	384	1 827	1 675	167
宁 夏	192	837	746	160
新 疆	843	9 518	6 455	2 088

4－21 续表 1

单位：个、人、万元

地区	技术职称状况			
	高级技术职称	中级技术职称	初级技术职称	技术员
全国总计	**3 407**	**37 423**	**65 611**	**35 207**
北京	4	198	371	93
天津	29	133	231	92
河北	227	1 030	2 399	1 476
山西	16	875	2 480	916
内蒙古	263	1 739	1 947	1 848
辽宁	0	8	6	8
吉林	244	1 627	2 408	682
黑龙江	378	2 633	2 684	1 648
上海	4	138	195	117
江苏	129	1 691	2 760	1 507
浙江	12	511	660	404
安徽	116	688	1 145	989
福建	77	685	588	210
江西	154	689	2 306	2 849
山东	278	2 135	3 905	1 094
河南	219	932	1 372	1 443
湖北	60	2 631	6 686	4 865
湖南	264	1 851	4 283	3 517
广东	22	397	2 214	1 546
广西	28	1 308	2 066	761
海南	0	65	279	171
重庆	58	1 689	2 736	1 018
四川	167	5 321	8 885	1 967
贵州	22	1 480	2 768	534
云南	270	3 174	2 552	499
西藏	8	90	379	425
陕西	65	625	1 575	1 005
甘肃	43	790	2 007	1 420
青海	41	651	709	239
宁夏	35	236	288	199
新疆	174	1 403	2 727	1 665

4-21 续表2

单位：个、人、万元

地区	经营情况			
	盈余站数	盈余金额	亏损站数	亏损金额
全国总计	**7 381**	**12 882.9**	**6 011**	**24 188.4**
北京	103	165.9	34	284.9
天津	41	103.5	72	595.4
河北	553	438.5	502	1 255.0
山西	650	375.3	102	360.2
内蒙古	100	376.0	59	1 029.0
辽宁	0	0	0	0
吉林	170	263.8	174	369.0
黑龙江	185	524.9	552	1 225.1
上海	23	73.4	48	1 105.9
江苏	324	1 870.1	248	2 226.0
浙江	117	454.3	177	519.4
安徽	111	213.4	151	187.3
福建	166	118.6	109	235.2
江西	334	319.0	248	978.9
山东	690	1 456.9	320	923.7
河南	189	174.7	238	401.3
湖北	448	1 130.6	335	1 543.2
湖南	600	753.6	773	2 921.1
广东	345	1 245.5	395	2 101.2
广西	137	126.5	80	184.6
海南	25	11.8	36	73.9
重庆	0	0	0	0
四川	863	428.7	637	3 094.5
贵州	10	0	0	0
云南	266	343.6	112	198.0
西藏	0	0	0	0
陕西	138	57.2	145	144.3
甘肃	420	255.4	285	298.1
青海	97	40.0	18	9.8
宁夏	14	311.9	17	310.5
新疆	262	1 249.9	144	1 613.0

4-21 续表3

单位：个、人、万元

地区	全年总收入		全年总支出	
		经营服务收入		工资总额
全国总计	**575 032.9**	**46 753.0**	**586 338.4**	**428 826.3**
北京	10 985.4	52.5	11 104.4	6 016.0
天津	4 670.2	1 183.0	5 162.1	2 873.3
河北	11 646.4	3 741.6	12 462.9	10 126.2
山西	18 185.5	736.6	18 170.4	13 482.9
内蒙古	20 550.4	2 748.9	21 203.5	19 119.7
辽宁	199.3	0	199.3	176.2
吉林	22 882.6	1 181.4	22 987.8	18 272.8
黑龙江	12 978.5	788.1	13 678.7	12 282.9
上海	2 896.2	507.6	3 928.8	2 950.4
江苏	43 018.0	2 816.3	43 373.9	29 320.5
浙江	11 355.9	2 688.2	11 420.9	7 450.8
安徽	7 610.8	408.8	7 584.8	6 608.7
福建	6 255.2	483.2	6 371.8	5 311.1
江西	9 316.5	827.6	9 976.4	8 217.2
山东	31 772.5	12 136.8	31 239.4	18 683.8
河南	6 116.0	1 105.6	6 342.7	5 770.5
湖北	25 330.2	3 741.1	25 742.7	18 365.8
湖南	28 997.0	3 762.6	31 164.4	24 791.6
广东	29 696.0	1 142.2	30 551.7	17 719.9
广西	15 306.0	216.9	15 364.1	12 851.1
海南	1 457.2	303.7	1 519.3	1 163.6
重庆	40 462.9	0	40 462.9	24 928.2
四川	88 063.0	2 167.6	90 728.7	56 637.5
贵州	17 210.7	0	17 210.7	16 974.7
云南	24 901.5	708.3	24 755.9	22 274.6
西藏	0	0	0	0
陕西	18 334.5	423.6	18 421.6	17 627.4
甘肃	10 895.0	882.9	10 937.7	10 082.4
青海	7 815.4	175.7	7 785.2	7 393.8
宁夏	2 869.1	44.5	2 867.7	2 693.2
新疆	43 255.1	1 778.0	43 618.2	28 659.6

4-22 各地区牧区县畜牧生产情况

单位：头、只、吨

地区	基本情况				
	牧业人口数（万人）	人均纯收入（元/人）	牧业收入（元/人）	牧户数（户）	定居牧户数（户）
全国总计	**381.2**	**6 111.2**	**4 012.7**	**1 077 730**	**874 407**
内蒙古	151.0	7 845.8	4 936.3	433 148	416 606
黑龙江	7.5	10 000.0	6 020.0	42 762	42 762
四川	41.1	4 469.7	3 027.2	92 910	69 671
西藏	8.2	0	0	89 678	28 052
甘肃	27.6	4 647.1	3 236.9	64 891	59 646
青海	83.6	4 554.1	3 910.4	208 392	182 659
宁夏	13.4	4 629.0	3 152.0	34 520	34 520
新疆	48.7	6 459.8	3 200.1	111 429	40 491

地区	畜禽饲养情况				
	大牲畜年末存栏数	牛	能繁母牛	当年成活犊牛	牦牛
全国总计	**16 237 608**	**14 095 939**	**7 581 916**	**4 150 969**	**6 801 054**
内蒙古	4 107 043	3 228 967	2 102 689	952 357	0
黑龙江	265 709	257 226	142 201	60 972	0
四川	2 935 226	2 619 417	1 270 858	795 117	2 479 611
西藏	1 993 578	1 769 832	783 564	498 972	498 972
甘肃	1 076 758	1 007 073	514 530	262 209	945 721
青海	4 016 560	3 861 581	1 998 066	1 082 770	2 843 050
宁夏	2 807	2 491	1 372	726	0
新疆	1 839 927	1 349 352	768 636	497 846	33 700

4－22 续表 1

单位：头、只、吨

地区	畜禽饲养情况				
	绵羊年末存栏数	能繁母羊	当年生存栏羔羊	细毛羊	半细毛羊
全国总计	**42 005 836**	**27 822 293**	**11 082 384**	**5 907 554**	**5 526 321**
内蒙古	16 606 383	12 625 911	3 574 552	4 364 305	3 270 510
黑龙江	162 545	128 822	28 874	21 500	141 045
四川	1 181 255	511 361	347 387	59 959	226 890
西藏	4 223 560	2 098 986	1 784 138	0	376 514
甘肃	3 195 685	1 597 470	1 017 472	958 449	553 386
青海	9 790 664	5 566 841	2 848 859	0	571 076
宁夏	1 069 750	584 060	485 690	0	0
新疆	5 775 994	4 708 842	995 412	503 341	386 900

地区	畜禽饲养情况		畜产品产量与出栏情况			
	山羊年末存栏数	绒山羊	肉类总产量	牛肉	羊肉	猪肉
全国总计	**14 895 396**	**12 077 764**	**1 627 324**	**602 036**	**663 589**	**259 383**
内蒙古	9 060 278	8 397 502	868 767	246 176	360 653	208 004
黑龙江	6 865	740	23 132	7 192	1 764	7 213
四川	282 958	107 210	104 255	88 126	12 557	3 404
西藏	2 687 560	2 098 652	106 531	53 698	52 833	0
甘肃	352 731	330 652	61 772	25 352	29 558	4 909
青海	1 307 784	552 181	180 186	86 666	84 199	7 351
宁夏	115 710	0	35 756	613	27 991	5 777
新疆	1 081 510	590 827	246 925	94 214	94 034	22 725

4－22 续表 2

单位：头、只、吨

地 区	畜产品产量与出栏情况				
	奶产量	毛产量	山羊毛产量	绵羊毛产量	
					细羊毛产量
全国总计	**2 853 531**	**94 966**	**6 622**	**88 344**	**27 876**
内蒙古	1 333 125	51 868	4 094	47 774	23 108
黑龙江	518 422	601	19	582	101
四 川	149 406	1 692	161	1 532	132
西 藏	59 695	5 189	739	4 450	0
甘 肃	69 861	5 327	129	5 198	3 209
青 海	150 756	12 515	641	11 874	0
宁 夏	3 891	2 010	0	2 010	0
新 疆	568 375	15 764	839	14 925	1 326

地 区	畜产品产量与出栏情况				
		山羊绒产量	牛皮产量（万张）	羊皮产量（万张）	牛出栏
	半细羊毛产量				
全国总计	**16 676**	**5 949**	**422.24**	**3 499.18**	**5 006 207**
内蒙古	11 254	4 576	149.00	1 953.83	1 619 889
黑龙江	481	1	1.00	1.50	52 603
四 川	415	20	60.15	39.01	862 817
西 藏	1 037	577	38.00	244.00	358 352
甘 肃	571	111	15.96	129.83	294 745
青 海	2 002	343	107.74	469.22	1 126 847
宁 夏	0	31	0.25	181.53	2 451
新 疆	917	291	50.14	480.26	688 503

4－22 续表3

单位：头、只、吨

地区	畜产品产量与出栏情况			畜产品出售情况	
	牛出栏率（%）	羊出栏	羊出栏率（%）	出售肉类总量	
					牛肉
全国总计	**40.3**	**37 999 554**	**77.6**	**1 368 233**	**502 355**
内蒙古	53.0	20 610 635	82.8	807 865	244 813
黑龙江	22.1	125 184	71.7	23 132	7 192
四　川	31.3	532 640	34.1	72 604	62 324
西　藏	20.3	2 269 870	32.8	37332	20 997
甘　肃	32.4	1 788 438	62.4	57 747	23 510
青　海	27.8	5 489 437	47.9	150 547	69 529
宁　夏	78.7	1 815 320	183.0	35 756	613
新　疆	49.1	5 368 030	76.5	183 250	73 377

地区	畜产品出售情况				
			出售奶总量	出售羊毛总量	出售羊绒总量
	羊肉	猪肉			
全国总计	**549 944**	**241 457**	**2 218 597**	**84 137**	**5 631**
内蒙古	320 350	200 025	1 032 503	48 805	4 295
黑龙江	1 764	7 213	518 422	608	1
四　川	8 815	1 411	70 175	1 090	15
西　藏	17 213	0	12 001	2 122	575
甘　肃	28 585	3 924	64 769	4 998	111
青　海	73 352	5 274	92 599	10 781	321
宁　夏	27 991	5 777	3 891	2 010	31
新　疆	71 874	17 833	424 237	13 724	282

4-23 各地区半牧区县畜牧生产情况

单位：头、只、吨

地 区	基本情况				
	牧业人口数（万人）	人均纯收入（元/人）	牧业收入（元/人）	牧户数（户）	定居牧户数（户）
全国总计	**1 257.1**	**6 221.3**	**2 684.7**	**2 988 163**	**2 572 048**
河 北	55.9	4 126.3	2 055.4	143 930	81 999
山 西	6.0	3 012.0	1 752.0	16 002	8 671
内蒙古	168.9	6 160.5	3 352.0	422 405	420 746
辽 宁	191.6	8 490.8	3 604.8	502 833	502 833
吉 林	141.9	7 075.4	3 167.3	328 550	247 320
黑龙江	227.9	7 790.1	3 447.4	660 298	594 546
四 川	199.0	5 422.7	1 703.6	482 280	431 421
云 南	31.1	4 482.9	2 531.8	74 645	30 943
西 藏	27.1	0	0	53 075	25 479
甘 肃	144.6	3 665.7	1 438.8	125 660	92 050
青 海	5.7	5 453.8	2 299.6	11 564	8 446
宁 夏	24.9	4 400.0	980.0	87 830	87 830
新 疆	32.5	7 259.4	2 895.4	79 091	39 764

地 区	畜禽饲养情况				
	大牲畜年末存栏数	牛	能繁母牛	当年成活犊牛	牦牛
全国总计	**18 226 024**	**14 831 243**	**7 238 639**	**4 009 510**	**2 532 397**
河 北	789 520	677 800	385 760	213 950	2 000
山 西	30 993	23 260	12 710	5 786	0
内蒙古	2 429 640	1 756 188	1 027 655	523 482	0
辽 宁	1 586 665	803 869	400 091	204 997	0
吉 林	1 116 231	841 039	460 997	296 925	0
黑龙江	3 040 307	2 894 574	1 494 424	813 228	0
四 川	4 030 003	3 379 822	1 369 100	809 703	1 461 286
云 南	294 114	249 294	107 608	38 747	75 563
西 藏	2 334 467	2 265 470	974 152	526 042	526 042
甘 肃	810 630	563 621	237 392	158 296	204 170
青 海	289 520	257 929	142 029	66 381	164 769
宁 夏	237 882	199 160	57 313	37 271	0
新 疆	1 236 052	919 217	569 408	314 702	98 567

4-23 续表 1

单位：头、只、吨

地区	畜禽饲养情况				
	绵羊年末存栏数	能繁母羊	当年生存栏羔羊	细毛羊	半细毛羊
全国总计	**38 554 095**	**24 424 331**	**10 723 072**	**15 305 517**	**6 303 226**
河　　北	1 057 300	739 884	210 830	288 600	312 800
山　　西	259 665	152 363	105 630	0	20 448
内 蒙 古	11 357 330	7 691 395	2 944 655	7 123 513	321 240
辽　　宁	2 496 950	1 335 559	800 629	1 183 195	1 133 545
吉　　林	3 488 191	2 205 117	1 038 834	3 018 434	33 420
黑 龙 江	3 314 955	2 096 684	942 909	1 738 549	1 338 943
四　　川	2 800 673	1 379 510	839 234	283 947	1 602 162
云　　南	66 553	28 072	31 440	0	0
西　　藏	1 870 760	841 842	673 473	0	188 013
甘　　肃	3 905 911	2 214 323	1 243 064	317 474	507 058
青　　海	1 104 116	650 973	377 286	0	334 082
宁　　夏	1 097 500	776 968	310 976	0	0
新　　疆	5 734 191	4 311 641	1 204 112	1 351 805	511 515

地区	畜禽饲养情况		畜产品产量与出栏情况		
	山羊年末存栏数	绒山羊	肉类总产量	牛肉	羊肉
全国总计	**15 465 342**	**8 107 595**	**5 302 959**	**858 780**	**696 003**
河　　北	84 000	44 000	194 318	58 188	22 820
山　　西	18 573	10 250	6 955	1 119	3 849
内 蒙 古	5 031 632	4 692 196	805 978	107 379	215 088
辽　　宁	310 508	192 712	1 027 643	98 224	59 902
吉　　林	559 183	535 251	575 234	63 768	50 216
黑 龙 江	480 129	41 173	1 183 897	198 643	45 598
四　　川	4 133 820	0	782 030	108 606	92 715
云　　南	163 339	0	28 009	4 505	1 411
西　　藏	1 659 877	299 886	91 873	68 997	22 876
甘　　肃	1 462 978	1 124 638	135 367	15 847	38 193
青　　海	162 988	13 020	19 185	6 207	9 457
宁　　夏	79 200	63 470	81 787	48 880	24 298
新　　疆	1 319 115	1 090 999	370 684	78 417	109 580

4-23 续表2

单位：头、只、吨

地区	畜产品产量与出栏情况				
	猪肉	奶产量	毛产量	山羊毛产量	绵羊毛产量
全国总计	**2 626 241**	**6 983 260**	**130 305**	**7 077**	**123 228**
河北	78 928	807 826	6 445	336	6 109
山西	1 736	10 400	403	13	390
内蒙古	320 032	1 293 985	46 834	3 136	43 698
辽宁	522 630	466 227	8 571	4	8 567
吉林	238 519	438 574	15 905	232	15 673
黑龙江	715 291	3 178 611	14 540	711	13 829
四川	529 320	116 118	6 091	310	5 781
云南	19 733	14 453	68	16	52
西藏	0	99 878	2 469	324	2 145
甘肃	66 438	45 020	7 642	780	6 862
青海	3 252	20 577	1 893	162	1 731
宁夏	5 684	937	3 367	31	3 336
新疆	124 678	490 654	16 077	1 023	15 055

地区	畜产品产量与出栏情况				
	细羊毛产量	半细羊毛产量	山羊绒产量	牛皮产量（万张）	羊皮产量（万张）
全国总计	**66 951**	**24 392**	**2 873**	**394.85**	**4 115.84**
河北	1 120	3 623	18	20.47	132.19
山西	0	42	6	0.83	25.29
内蒙古	34 383	2 109	1947	68.27	1 174.00
辽宁	2 333	5 134	0	32.51	339.43
吉林	15 630	43	148	14.29	221.29
黑龙江	7 486	4 661	52	59.76	759.66
四川	812	4 228	0	84.16	488.48
云南	0	0	0	2.15	4.04
西藏	0	549	170	43.00	116.00
甘肃	1 571	954	156	9.00	226.03
青海	0	810	17	7.84	59.78
宁夏	0	0	18	7.37	70.00
新疆	3 616	2 239	342	45.21	499.65

4－23 续表 3

单位：头、只、吨

地区	畜产品产量与出栏情况				
	牛出栏	牛出栏率（%）	羊出栏	羊出栏率（%）	出售肉类总量
全国总计	**6 015 975**	**47.4**	**42 391 338**	**84.7**	**4 039 837**
河北	348 370	53.0	1 249 500	106.9	158 646
山西	8 290	37.3	252 890	92.9	6 679
内蒙古	718 257	43.4	13 143 656	84.7	708 524
辽宁	610 012	86.8	3 996 013	152.7	708 796
吉林	581 278	46.0	3 216 394	63.4	453 432
黑龙江	1 210 175	44.2	2 667 964	69.1	918 719
四川	913 799	26.6	4 575 304	66.5	554 031
云南	36 340	14.5	77 673	33.9	18 140
西藏	439 807	19.4	1 159 880	32.9	54 783
甘肃	168 116	28.4	3 148 599	68.5	103 644
青海	78 294	31.1	626 905	49.6	16 413
宁夏	320 642	169.8	1 644 900	142.4	75 957
新疆	582 595	62.6	6 631 660	89.2	262 074

地区	畜产品出售情况					
	牛肉	羊肉	猪肉	出售奶总量	出售羊毛总量	出售羊绒总量
全国总计	**681 777**	**563 217**	**2 050 835**	**6 069 353**	**121 265**	**2 492**
河北	50 310	15 870	66 331	752 636	6 436	18
山西	1 005	3 541	1 496	9 700	390	6
内蒙古	103 127	182 297	254 192	1 119 253	43 828	1 661
辽宁	77 672	49 564	401 374	351 253	8 533	0
吉林	57 412	40 734	208 646	362 637	15 499	143
黑龙江	146 994	32 892	581 355	2 959 909	14 514	25
四川	82 562	69 513	364 121	66 363	4 074	1
云南	3 442	1 099	13 599	11 575	53	0
西藏	37 996	15 101	0	63 011	1 699	168
甘肃	11 961	35 028	52 476	41 292	7 208	138
青海	5 099	8 447	4 131	8 898	1 581	18
宁夏	44 810	22 198	5 604	900	3 367	18
新疆	59 388	86 934	97 510	321 926	14 083	297

4-24 各地区生猪饲养规模场（户）数情况

单位：个

地　　区	年出栏 1～49 头 场（户）数	年出栏 50～99 头 场（户）数	年出栏 100～499 头 场（户）数	年出栏 500～999 头 场（户）数
全国总计	**51 898 933**	**1 726 108**	**817 834**	**167 762**
北　京	9 678	4 232	2 424	378
天　津	6 327	7 077	6 201	812
河　北	1 009 764	58 894	39 858	8 945
山　西	341 374	20 742	10 934	1 835
内蒙古	1 056 833	23 445	5 763	1 720
辽　宁	933 839	112 659	43 124	6 948
吉　林	616 971	94 637	44 262	6 410
黑龙江	570 233	120 540	46 660	5 616
上　海	8 677	1 240	1 483	283
江　苏	869 928	43 168	42 223	7 927
浙　江	662 146	28 050	26 204	4 466
安　徽	2 488 304	46 711	24 686	6 866
福　建	410 703	26 522	23 345	4 292
江　西	880 445	37 283	25 335	7 489
山　东	1 233 396	170 413	83 408	18 265
河　南	1 236 758	59 503	52 346	21 892
湖　北	3 592 742	40 040	55 890	8 883
湖　南	4 127 764	182 079	77 654	17 553
广　东	865 646	54 971	40 295	8 424
广　西	2 803 678	55 551	20 053	4 188
海　南	541 897	8 218	3 713	744
重　庆	3 546 134	27 062	13 871	2 578
四　川	9 433 336	287 920	64 481	12 401
贵　州	5 198 936	21 225	5 612	730
云　南	6 261 490	102 212	14 583	2 310
西　藏	16 922	135	14	2
陕　西	1 223 348	50 522	24 175	2 874
甘　肃	1 371 172	23 442	9 660	1 291
青　海	277 805	1 761	344	77
宁　夏	239 956	3 712	2 058	200
新　疆	62 731	12 142	7 175	1 363

4－24 续表

单位：个

地 区	年出栏 1 000～2 999头 场（户）数	年出栏 3 000～4 999头 场（户）数	年出栏 5 000～9 999头 场（户）数	年出栏 10 000～49 999头 场（户）数	年出栏 50 000头以上 场（户）数
全国总计	**63 509**	**12 880**	**6 855**	**4 364**	**187**
北 京	293	86	78	37	0
天 津	188	59	48	9	2
河 北	3 150	559	259	202	8
山 西	835	223	120	71	1
内蒙古	374	73	20	9	1
辽 宁	2 369	588	202	80	0
吉 林	1 995	403	115	42	5
黑龙江	1 981	473	255	121	3
上 海	86	38	56	61	0
江 苏	4 546	541	346	248	11
浙 江	1 824	346	234	177	10
安 徽	2 383	579	289	122	3
福 建	2 290	474	270	173	10
江 西	3 303	650	366	276	14
山 东	5 827	1 070	466	200	10
河 南	7 131	1 491	881	496	28
湖 北	4 747	757	420	548	23
湖 南	5 360	1 182	580	246	11
广 东	3 997	934	575	349	26
广 西	1 860	486	232	124	6
海 南	348	100	75	95	0
重 庆	1 036	167	56	52	2
四 川	4 063	810	457	290	6
贵 州	262	55	34	38	0
云 南	911	151	106	62	1
西 藏	3	1	0	0	0
陕 西	1 221	388	194	171	1
甘 肃	481	115	41	15	0
青 海	26	7	6	2	1
宁 夏	85	11	7	2	0
新 疆	534	63	67	46	4

4－25 各地区蛋鸡饲养规模场（户）数情况

单位：个

地　区	年存栏 1～499 只 场（户）数	年存栏 500～1 999 只 场（户）数	年存栏 2 000～9 999 只 场（户）数
全国总计	**16 222 810**	**351 961**	**229 397**
北　京	8 418	1 125	410
天　津	15 264	1 755	1 410
河　北	1 088 353	63 763	35 819
山　西	254 609	12 381	9 879
内蒙古	504 294	5 824	3 426
辽　宁	726 274	46 663	30 286
吉　林	512 318	13 859	7 520
黑龙江	308 066	27 582	7 054
上　海	63 888	33	35
江　苏	456 402	13 755	20 117
浙　江	94 822	1 040	1 178
安　徽	755 622	11 801	7 155
福　建	91 096	464	262
江　西	788 521	3 087	1 244
山　东	1 033 937	52 025	38 878
河　南	1 177 434	40 369	29 469
湖　北	663 229	2 103	10 896
湖　南	794 773	13 518	4 123
广　东	327 045	503	189
广　西	201 635	266	51
海　南	190 530	87	41
重　庆	593 421	3 577	2 120
四　川	2 833 484	13 306	4 563
贵　州	244 951	1 051	755
云　南	433 268	1 441	1 489
陕　西	658 054	10 593	6 436
甘　肃	726 896	5 064	2 264
青　海	109 599	37	16
宁　夏	165 359	859	537
新　疆	401 248	4 030	1 775

注：不含西藏。

4－25 续表

单位：个

地区	年存栏 10 000～49 999 只场（户）数	年存栏 50 000～99 999 只场（户）数	年存栏 100 000～499 999 只场（户）数	年存栏 500 000 只以上场（户）数
全国总计	**36 345**	**2 133**	**634**	**23**
北　京	158	28	16	4
天　津	150	10	0	0
河　北	3 880	135	40	3
山　西	1 164	89	43	0
内蒙古	426	17	5	0
辽　宁	2 766	235	38	1
吉　林	1 122	80	11	1
黑龙江	1 002	28	8	0
上　海	21	5	7	0
江　苏	2 895	174	54	1
浙　江	475	30	11	0
安　徽	820	55	17	1
福　建	277	29	18	0
江　西	291	10	11	0
山　东	4 907	273	56	0
河　南	5 390	188	71	3
湖　北	4 644	322	73	3
湖　南	1 378	58	12	0
广　东	100	35	14	1
广　西	21	3	8	1
海　南	39	12	4	0
重　庆	449	27	5	0
四　川	1 176	97	28	1
贵　州	274	34	16	0
云　南	1 020	61	25	2
陕　西	663	29	9	1
甘　肃	297	18	4	0
青　海	20	5	0	0
宁　夏	52	5	6	0
新　疆	468	41	24	0

4-26 各地区肉鸡饲养规模场（户）数情况

单位：个

地　区	年出栏 1～1 999 只 场（户）数	年出栏 2 000～9 999 只 场（户）数	年出栏 10 000～49 999 只 场（户）数
全国总计	**24 387 555**	**298 571**	**152 900**
北　京	1 086	1 687	1 757
天　津	675	1 305	1 794
河　北	72 017	13 598	7 575
山　西	51 838	1 517	1 592
内蒙古	263 688	4 068	1 022
辽　宁	151 499	43 229	14 581
吉　林	173 699	18 830	7 739
黑龙江	270 956	15 763	3 275
上　海	67 465	499	553
江　苏	285 709	6 707	10 667
浙　江	431 030	4 736	4 654
安　徽	913 177	13 125	7 515
福　建	389 932	2 154	689
江　西	735 004	7 119	5 041
山　东	151 302	41 069	36 634
河　南	338 721	10 774	8 489
湖　北	381 994	2 643	5 690
湖　南	2 436 776	17 186	2 346
广　东	3 146 071	23 981	11 855
广　西	3 150 560	24 298	6 381
海　南	1 257 046	1 834	505
重　庆	550 503	4 273	1 589
四　川	4 775 641	19 340	4 940
贵　州	1 386 878	1 641	1 437
云　南	1 318 945	4 260	2 293
陕　西	625 891	2 189	794
甘　肃	304 961	1 388	261
青　海	57 749	20	8
宁　夏	123 193	931	115
新　疆	573 549	8 407	1 109

注：不含西藏。

4-26 续表

单位：个

地 区	年出栏 50 000～99 999 只场（户）数	年出栏 100 000～499 999 只场（户）数	年出栏 500 000～999 999 只场（户）数	年出栏 100 万只以上场（户）数
全国总计	**19 731**	**6 362**	**897**	**372**
北 京	235	50	24	4
天 津	248	53	9	0
河 北	1 128	308	37	3
山 西	278	87	12	4
内蒙古	273	28	1	1
辽 宁	1 557	712	66	13
吉 林	767	213	51	17
黑龙江	344	142	6	2
上 海	66	18	1	0
江 苏	1 304	569	138	44
浙 江	611	93	5	3
安 徽	1 328	412	22	13
福 建	153	40	2	7
江 西	224	99	6	3
山 东	5 437	1 426	341	114
河 南	971	620	44	48
湖 北	733	511	37	32
湖 南	264	43	1	5
广 东	1 886	404	45	16
广 西	503	146	27	31
海 南	92	26	5	4
重 庆	142	21	2	1
四 川	441	97	6	0
贵 州	37	11	0	1
云 南	155	71	4	0
陕 西	430	137	1	0
甘 肃	21	7	0	0
青 海	0	0	0	0
宁 夏	14	3	0	0
新 疆	89	15	4	6

4-27 各地区奶牛饲养规模场（户）数情况

单位：个

地区	年存栏 1～4头 场（户）数	年存栏 5～9头 场（户）数	年存栏 10～19头 场（户）数	年存栏 20～49头 场（户）数
全国总计	**1 562 475**	**286 857**	**119 381**	**51 998**
北　京	655	584	335	149
天　津	697	352	379	668
河　北	47 466	3 307	3 301	1 328
山　西	50 457	5 565	2 084	796
内蒙古	160 742	38 951	13 681	8 370
辽　宁	17 405	7 471	5 214	2 636
吉　林	31 600	6 348	3 856	1 447
黑龙江	198 040	87 846	37 441	14 749
上　海	0	0	0	1
江　苏	314	452	359	416
浙　江	1 293	428	387	260
安　徽	696	275	174	143
福　建	1 808	374	172	29
江　西	203	238	152	177
山　东	31 732	13 365	8 586	5 258
河　南	74 194	6 532	4 281	2 135
湖　北	60	34	57	71
湖　南	795	739	113	83
广　东	873	116	40	42
广　西	168	107	91	45
海　南	0	0	0	0
重　庆	634	161	105	49
四　川	20 288	3 535	1 824	594
贵　州	218	54	17	6
云　南	60 505	2 826	553	377
西　藏	58 321	4 832	30	3
陕　西	114 082	11 337	3 111	1 412
甘　肃	21 406	5 060	2 125	645
青　海	92 210	4 381	632	195
宁　夏	2 710	7 322	6 412	1 126
新　疆	572 903	74 265	23 869	7 988

4-27 续表

单位：个

地区	年存栏 50～99头场（户）数	年存栏 100～199头场（户）数	年存栏 200～499头场（户）数	年存栏 500～999头场（户）数	年存栏 1 000头以上场（户）数
全国总计	**22 407**	**6 024**	**3 848**	**2 324**	**1 261**
北京	60	114	104	40	33
天津	185	53	34	38	19
河北	750	731	442	868	389
山西	218	76	201	83	23
内蒙古	10 786	1 584	593	189	169
辽宁	597	212	143	35	62
吉林	396	173	144	39	9
黑龙江	3 066	761	287	88	32
上海	0	21	46	17	21
江苏	100	84	120	59	42
浙江	120	59	29	16	9
安徽	81	58	39	16	13
福建	5	7	3	12	13
江西	121	36	9	3	3
山东	2 132	961	571	315	135
河南	584	205	309	220	100
湖北	43	12	7	25	18
湖南	22	7	4	0	4
广东	104	41	16	9	16
广西	4	6	20	7	3
海南	0	0	1	1	0
重庆	10	14	10	5	2
四川	137	52	50	20	7
贵州	0	4	7	1	10
云南	85	19	19	9	7
西藏	0	4	1	0	0
陕西	502	336	347	72	23
甘肃	192	67	39	19	16
青海	32	14	17	3	3
宁夏	344	99	99	63	30
新疆	1 731	214	137	52	50

4-28 各地区肉牛饲养规模场（户）数情况

单位：个

地区	年出栏 1～9头 场（户）数	年出栏 10～49头 场（户）数	年出栏 50～99头 场（户）数
全国总计	**12 102 578**	**435 588**	**84 322**
北京	902	638	257
天津	2 016	762	1 086
河北	539 788	31 245	3 006
山西	148 698	5 733	804
内蒙古	293 915	38 195	8 201
辽宁	437 925	55 933	11 712
吉林	443 771	48 175	11 145
黑龙江	259 964	53 020	12 290
江苏	105 434	2 624	547
浙江	25 901	697	85
安徽	368 957	4 875	1 343
福建	71 877	805	48
江西	575 519	6 045	1 382
山东	688 229	35 258	8 976
河南	1 293 444	19 726	3 257
湖北	489 896	6 344	2 377
湖南	621 340	21 551	3 128
广东	249 180	1 936	268
广西	707 934	3 678	334
海南	118 688	1 254	119
重庆	188 680	5 424	586
四川	1 017 834	16 503	2 340
贵州	588 343	3 856	481
云南	1 220 234	13 357	1 305
西藏	147 233	2 042	0
陕西	282 003	4 269	584
甘肃	491 205	14 016	2 344
青海	39 841	1 642	96
宁夏	270 883	11 699	968
新疆	412 944	24 286	5 253

4－28 续表

单位：个

地 区	年出栏 100～499 头 场（户）数	年出栏 500～999 头 场（户）数	年出栏 1 000 头以上 场（户）数
全国总计	**26 108**	**3 473**	**1 007**
北 京	126	19	15
天 津	147	0	2
河 北	1 166	166	84
山 西	371	35	19
内 蒙 古	1 642	317	62
辽 宁	3 059	298	68
吉 林	2 486	428	101
黑 龙 江	3 715	456	94
江 苏	172	34	14
浙 江	33	1	3
安 徽	500	69	24
福 建	49	2	4
江 西	212	21	6
山 东	3 169	411	101
河 南	2 627	520	179
湖 北	1 590	209	66
湖 南	749	32	3
广 东	81	2	2
广 西	51	3	4
海 南	15	0	1
重 庆	200	20	7
四 川	602	44	16
贵 州	123	15	4
云 南	411	39	16
西 藏	0	0	0
陕 西	200	17	7
甘 肃	972	146	42
青 海	54	14	13
宁 夏	250	26	10
新 疆	1 336	129	40

4-29 各地区羊饲养规模场（户）数情况

单位：个

地 区	年出栏 1～29只 场（户）数	年出栏 30～99只 场（户）数	年出栏 100～499只 场（户）数	年出栏 500～999只 场（户）数	年出栏 1 000只以上 场（户）数
全国总计	**17 558 328**	**1 707 053**	**284 351**	**24 108**	**5 994**
北 京	4 976	4 644	1 101	113	26
天 津	3 975	5 264	790	18	4
河 北	573 419	137 477	12 689	1 265	837
山 西	237 560	52 310	12 025	857	259
内蒙古	891 769	268 243	82 594	6 921	1 055
辽 宁	246 257	79 044	11 551	920	301
吉 林	63 715	43 539	4 540	514	66
黑龙江	112 860	50 889	14 292	895	82
上 海	51 731	791	192	14	15
江 苏	1 447 965	35 950	4 822	590	252
浙 江	169 867	7 307	1 363	106	55
安 徽	899 816	44 147	6 195	311	65
福 建	57 398	5 333	685	15	11
江 西	70 706	4 364	954	61	10
山 东	1 487 867	225 064	22 879	2 525	742
河 南	1 986 588	52 019	7 758	708	264
湖 北	676 011	16 749	8 500	577	221
湖 南	571 011	33 459	6 586	305	10
广 东	18 200	2 349	396	15	5
广 西	165 555	12 110	1 132	10	0
海 南	61 978	3 049	209	2	3
重 庆	337 121	29 032	2 452	124	20
四 川	2 805 717	100 413	8 828	688	77
贵 州	478 922	15 228	1 600	191	28
云 南	704 566	34 937	2 960	102	15
西 藏	365 787	45 289	0	0	0
陕 西	556 508	57 227	2 473	278	150
甘 肃	812 932	51 824	9 919	619	163
青 海	234 534	53 950	12 006	293	80
宁 夏	320 678	27 479	4 357	1 187	458
新 疆	1 142 339	207 573	38 503	3 884	720

五、畜产品及饲料集市价格

5－1 各地区2012年1月畜产品及饲料集市价格

单位：元/千克、元/只

地 区	仔猪	活猪	猪肉	鸡蛋	商品代蛋雏鸡	商品代肉雏鸡	活鸡	白条鸡	牛肉
全国均价	30.21	17.65	27.83	9.84	3.27	2.80	17.66	17.65	41.38
北 京	28.73	17.44	26.75	8.77	3.45	3.92		15.67	37.91
天 津	32.27	18.10	29.25	8.43	2.67	2.49	9.52	15.35	38.70
河 北	28.09	17.48	27.42	8.08	3.20	2.95	12.08	15.12	37.60
山 西	35.94	17.35	27.05	8.47	3.20	3.60	12.07	15.93	38.43
内蒙古	34.21	18.39	27.74	9.11	4.31	4.19	18.29	17.77	37.50
辽 宁	42.96	17.54	28.71	8.00	2.82	2.39	26.37	14.56	38.81
吉 林	33.68	17.66	27.04	8.07	2.73	2.18	13.90	14.07	38.05
黑龙江	33.96	16.76	25.04	8.08	2.98	3.23	12.80	13.92	36.12
上 海	27.68	17.70	29.50	10.04	2.87	1.48	15.67	18.73	50.34
江 苏	18.34	16.41	26.60	8.42	2.80	2.27	16.03	14.57	44.06
浙 江	21.65	17.33	27.26	9.95	2.88	2.48	16.73	17.95	47.14
安 徽	23.83	18.07	27.52	9.21	3.04	1.86	15.55	15.28	42.31
福 建	36.66	16.81	24.46	9.79	3.19	2.11	16.96	21.13	48.25
江 西	31.79	17.98	27.35	11.66	2.38	2.12	20.78	16.46	47.29
山 东	21.30	17.19	27.98	8.28	3.02	2.13	9.76	15.50	40.62
河 南	32.71	17.55	27.95	8.25	2.91	2.53	12.51	13.84	40.80
湖 北	33.93	17.76	28.95	9.75	3.56	3.49	16.97	16.42	44.58
湖 南	37.00	17.70	28.17	11.42	3.42	3.19	26.53	20.29	45.28
广 东	32.91	16.97	26.35	11.75	2.90	1.92	20.55	23.42	48.82
广 西	23.82	16.27	26.63	12.41	2.69	1.23	23.10	26.44	42.46
海 南	26.61	17.13	29.78	14.91	2.55	2.98	24.22	27.15	52.25
重 庆	23.44	18.30	28.02	11.47	2.68	2.31	19.90	18.11	41.38
四 川	22.74	17.80	28.62	11.97	4.33	4.35	25.42	22.12	38.52
贵 州	24.22	18.60	29.22	13.62	4.38	4.19	17.27	19.34	40.22
云 南	31.97	18.21	28.99	10.81	4.03	3.82	17.67	18.57	39.11
西 藏									
陕 西	33.62	17.90	28.64	8.37	3.33	3.21	14.65	16.72	40.08
甘 肃	36.55	19.01	29.32	9.35	3.91	3.38	17.53	19.83	39.81
青 海	41.93	20.74	28.65	9.28	5.00		20.47	21.42	39.25
宁 夏	28.81	18.19	28.15	8.38	3.57	4.09	14.79	16.53	39.59
新 疆	30.75	17.09	28.64	8.18	3.41	2.93	15.09	17.33	38.43

5-1 续表

单位：元/千克、元/只

地 区	生鲜乳	羊肉	玉米	豆粕	小麦麸	进口鱼粉	育肥猪配合饲料	肉鸡配合饲料	蛋鸡配合饲料
全国均价	3.36	48.96	2.35	3.43	1.86	10.66	3.03	3.15	2.88
北 京	3.45	50.49	2.22	2.95	1.80	11.34	2.93	3.32	2.54
天 津	3.45	54.75	2.18	3.03	1.60	11.63	2.68	3.16	2.54
河 北	3.18	45.70	2.17	3.16	1.51	9.90	2.81	3.14	2.60
山 西	3.14	49.70	2.29	3.33	1.68	9.06	2.92	2.87	2.61
内蒙古	3.01	47.25	2.20	3.62	1.65	8.32	3.74	3.40	3.17
辽 宁	3.16	50.77	2.24	3.52	1.76	9.38	2.96	2.88	2.59
吉 林	3.20	48.08	2.11	3.55	1.81	11.66	2.89	2.90	2.52
黑龙江	3.00	42.61	2.04	3.35	1.76	11.40	2.66	2.74	2.57
上 海	4.15	56.02	2.57	3.03	1.89	8.99	3.19	3.14	3.08
江 苏	3.51	54.51	2.38	3.14	1.78	9.30	2.97	3.28	2.82
浙 江	3.61	47.61	2.48	3.08	1.80	9.84	2.91	2.96	2.80
安 徽	3.32	47.32	2.44	3.27	1.84	9.55	2.85	3.01	2.81
福 建	3.87	61.44	2.56	3.11	2.13	10.69	2.92	3.06	2.92
江 西	3.90	47.21	2.65	3.56	2.10	11.18	3.14	3.19	3.08
山 东	3.27	53.46	2.23	3.10	1.61	11.56	2.76	3.05	2.61
河 南	3.39	50.52	2.23	3.19	1.62	10.71	2.77	2.89	2.60
湖 北	3.71	44.44	2.46	3.61	1.87	11.71	2.95	2.96	2.84
湖 南		44.40	2.62	3.66	2.03	9.76	3.22	3.23	3.18
广 东	4.12	52.69	2.64	3.47	2.18	11.64	3.11	3.31	3.30
广 西	3.83	53.75	2.59	3.58	2.14	11.61	3.14	3.54	2.93
海 南		67.10	2.85	3.77	2.38		3.45	3.52	3.38
重 庆	3.24	46.81	2.41	3.45	1.94	10.29	2.88	3.07	2.75
四 川	3.78	47.11	2.47	3.73	2.09	11.72	3.22	3.28	3.16
贵 州	3.14	47.81	2.47	3.76	2.14	10.14	3.31	3.48	3.39
云 南	3.16	46.03	2.23	3.73	2.27	10.77	3.40	3.65	3.45
西 藏									
陕 西	3.28	50.48	2.17	3.60	1.63	9.21	3.09	3.10	2.77
甘 肃	3.53	45.44	2.22	3.54	1.73	10.25	3.33	3.24	3.14
青 海	3.12	46.48	2.34	3.50	1.79	9.00	2.96	3.03	2.81
宁 夏	3.40	45.08	2.19	3.44	1.57	12.37	3.08	3.25	2.97
新 疆	3.73	45.03	1.95	3.75	1.70	13.43	2.80	3.08	2.73

5-2 各地区2012年2月畜产品及饲料集市价格

单位：元/千克、元/只

地　区	仔猪	活猪	猪肉	鸡蛋	商品代蛋雏鸡	商品代肉雏鸡	活鸡	白条鸡	牛肉
全国均价	31.50	17.10	27.36	9.18	3.19	3.02	17.38	17.46	42.03
北　京	32.18	16.67	26.43	7.96	3.31	3.84		14.94	38.06
天　津	31.13	17.22	28.25	7.43	2.69	2.99	9.27	15.16	38.04
河　北	30.63	16.88	26.82	7.06	3.17	3.16	11.64	14.77	37.83
山　西	37.80	17.07	26.87	7.50	3.11	3.38	11.48	15.58	37.82
内蒙古	34.46	18.20	27.41	8.51	4.35	4.25	17.96	17.67	37.73
辽　宁	45.50	16.68	27.54	7.20	2.89	3.06	26.31	14.94	38.86
吉　林	35.93	16.70	26.42	7.01	2.96	3.11	14.05	13.78	38.32
黑龙江	33.67	15.86	24.49	7.19	2.89	3.00	12.35	13.65	36.35
上　海	30.02	17.24	29.32	9.28	2.97	1.67	15.55	18.37	50.27
江　苏	19.82	15.82	26.51	7.67	2.62	3.03	15.97	14.37	44.58
浙　江	22.14	17.00	27.06	9.33	2.94	2.70	16.71	18.03	48.76
安　徽	24.72	17.57	27.12	8.45	2.80	2.01	15.00	15.02	41.84
福　建	40.71	16.47	24.52	9.07	3.17	1.94	16.45	20.90	50.11
江　西	32.62	17.45	27.01	11.48	2.41	2.29	20.97	16.58	49.37
山　东	22.12	16.50	27.29	7.02	2.86	3.19	9.58	14.99	40.11
河　南	32.91	16.45	26.98	7.04	2.64	2.83	11.97	13.32	41.13
湖　北	35.49	17.05	28.59	8.98	3.38	3.40	15.94	15.99	44.10
湖　南	38.18	17.19	27.76	11.02	3.31	3.11	26.11	20.23	45.69
广　东	35.55	16.66	26.13	11.30	3.08	2.21	20.98	23.65	51.27
广　西	24.68	15.96	26.17	12.17	2.67	1.22	22.78	26.30	44.78
海　南	27.18	16.11	28.76	15.05	2.54	2.92	23.88	27.08	54.66
重　庆	24.31	17.14	26.81	10.90	2.60	2.35	19.18	17.46	42.23
四　川	23.35	17.26	28.06	11.40	4.13	4.28	25.01	21.36	39.37
贵　州	25.07	18.62	29.56	13.41	4.28	4.15	17.51	19.40	41.79
云　南	34.13	17.91	28.20	10.30	3.94	3.92	17.19	18.31	40.09
西　藏									
陕　西	36.93	17.35	28.59	7.64	3.22	3.15	14.07	16.57	40.59
甘　肃	36.68	19.06	29.05	9.11	3.88	3.34	17.56	20.16	39.93
青　海	41.06	19.90	28.28	8.85	5.02		20.21	21.15	40.42
宁　夏	31.82	18.01	27.87	7.68	3.29	3.77	16.14	17.32	40.04
新　疆	31.32	17.25	28.45	7.98	3.43	3.01	15.11	17.12	38.19

5－2 续表

单位：元/千克、元/只

地 区	生鲜乳	羊肉	玉米	豆粕	小麦麸	进口鱼粉	育肥猪配合饲料	肉鸡配合饲料	蛋鸡配合饲料
全国均价	3.38	49.62	2.35	3.46	1.86	10.64	3.03	3.14	2.88
北 京	3.43	50.56	2.21	2.95	1.76	11.36	2.93	3.30	2.55
天 津	3.44	54.44	2.17	3.08	1.56	11.40	2.68	3.13	2.52
河 北	3.20	47.01	2.15	3.19	1.53	9.96	2.80	3.13	2.58
山 西	3.16	49.69	2.26	3.33	1.68	8.95	2.92	2.85	2.60
内蒙古	3.01	47.30	2.21	3.62	1.65	8.31	3.74	3.40	3.17
辽 宁	3.21	51.05	2.25	3.56	1.76	9.26	2.98	2.89	2.60
吉 林	3.22	48.74	2.15	3.55	1.82	11.74	2.91	2.91	2.55
黑龙江	2.99	46.73	2.04	3.34	1.79	11.73	2.67	2.73	2.57
上 海	4.14	57.30	2.57	3.15	1.89	9.26	3.20	3.12	3.07
江 苏	3.51	54.18	2.38	3.20	1.79	9.33	2.97	3.29	2.83
浙 江	3.64	48.47	2.50	3.16	1.80	9.82	2.90	2.96	2.80
安 徽	3.32	45.86	2.44	3.29	1.83	9.51	2.84	3.00	2.81
福 建	3.95	63.22	2.61	3.19	2.14	10.71	2.95	3.08	2.95
江 西	3.92	48.08	2.66	3.59	2.11	11.12	3.15	3.19	3.09
山 东	3.25	53.99	2.20	3.16	1.60	11.00	2.76	3.05	2.60
河 南	3.40	50.26	2.23	3.23	1.62	10.72	2.79	2.90	2.60
湖 北	3.67	43.49	2.47	3.63	1.88	11.67	2.95	2.97	2.83
湖 南		44.55	2.61	3.67	2.04	9.68	3.21	3.23	3.18
广 东	4.18	54.19	2.66	3.57	2.18	11.65	3.16	3.34	3.28
广 西	3.80	56.86	2.60	3.59	2.17	11.57	3.16	3.28	2.96
海 南		71.36	2.81	3.76	2.34		3.41	3.51	3.35
重 庆	3.43	46.52	2.42	3.48	1.95	10.25	2.89	3.07	2.76
四 川	3.76	46.98	2.47	3.75	2.10	11.62	3.23	3.28	3.17
贵 州	3.15	48.42	2.49	3.79	2.20	10.37	3.34	3.51	3.41
云 南	3.12	47.05	2.24	3.74	2.27	10.78	3.43	3.67	3.48
西 藏									
陕 西	3.31	51.54	2.14	3.59	1.64	9.24	3.08	3.07	2.77
甘 肃	3.58	45.59	2.13	3.46	1.71	10.26	3.29	3.20	3.10
青 海	3.16	46.20	2.31	3.50	1.81	9.00	2.97	3.06	2.88
宁 夏	3.65	44.10	2.13	3.39	1.64	11.84	3.15	3.31	3.07
新 疆	3.76	45.57	1.97	3.82	1.73	13.46	2.82	3.10	2.73

5－3 各地区2012年3月畜产品及饲料集市价格

单位：元/千克、元/只

地　区	仔猪	活猪	猪肉	鸡蛋	商品代蛋雏鸡	商品代肉雏鸡	活鸡	白条鸡	牛肉
全国均价	32.66	15.83	25.79	8.62	3.15	3.24	16.82	17.04	42.00
北　京	34.00	15.37	24.66	7.62	3.24	3.61		15.00	37.68
天　津	29.62	15.29	26.88	7.09	2.66	3.32	9.20	14.54	37.85
河　北	32.92	15.62	25.50	7.01	3.13	3.33	11.32	14.36	37.52
山　西	38.29	16.17	25.20	7.01	3.06	3.86	11.00	14.87	37.01
内蒙古	35.82	17.24	26.02	7.90	4.35	4.27	16.78	16.46	37.56
辽　宁	48.05	14.84	24.82	6.96	3.16	3.91	25.92	15.13	39.00
吉　林	38.42	14.82	24.12	6.90	3.20	4.16	14.18	13.97	37.85
黑龙江	33.23	14.12	22.42	6.88	2.93	3.11	11.94	13.50	36.94
上　海	31.01	15.99	28.13	8.68	2.96	1.80	15.88	18.61	50.00
江　苏	20.64	14.41	24.61	7.06	2.42	3.29	15.83	14.27	43.86
浙　江	22.03	15.95	25.93	8.77	2.95	2.93	16.71	17.78	49.60
安　徽	24.42	16.20	25.11	7.75	2.73	2.25	14.78	14.49	40.74
福　建	43.99	15.65	23.40	8.60	3.37	1.90	15.98	20.00	50.23
江　西	33.87	16.22	26.17	10.82	2.68	2.54	20.46	15.96	48.60
山　东	22.54	14.98	25.50	6.76	2.74	3.83	10.02	15.05	40.22
河　南	33.18	14.98	25.41	6.62	2.55	3.07	11.97	13.30	41.11
湖　北	37.16	15.64	27.02	8.46	3.17	3.66	15.30	15.75	42.54
湖　南	39.12	16.02	26.17	10.28	3.25	3.07	24.91	19.60	44.97
广　东	37.72	15.97	25.12	10.32	2.94	2.16	20.46	23.35	52.41
广　西	25.00	14.80	24.65	11.61	2.67	1.25	21.74	25.78	45.70
海　南	27.83	14.76	26.90	14.85	2.55	2.71	23.20	25.45	56.55
重　庆	25.75	15.70	24.82	9.62	2.57	2.28	18.19	16.60	42.02
四　川	24.08	15.86	26.33	10.61	3.99	4.20	23.48	20.54	39.25
贵　州	26.20	17.73	28.33	12.60	4.19	4.13	16.45	18.49	42.05
云　南	36.41	17.14	27.40	9.78	3.92	4.01	16.62	17.79	41.94
西　藏									
陕　西	38.43	15.58	26.53	6.88	3.03	3.60	13.55	15.80	40.82
甘　肃	37.61	17.41	27.49	8.19	3.74	3.27	16.79	19.29	39.66
青　海	40.63	17.86	25.98	8.26	5.40	5.35	18.77	20.70	39.65
宁　夏	35.14	16.59	26.73	7.15	3.16	4.43	16.33	17.14	40.46
新　疆	33.51	17.44	27.58	7.55	3.48	3.09	14.70	16.37	38.04

5-3 续表

单位：元/千克、元/只

地区	生鲜乳	羊肉	玉米	豆粕	小麦麸	进口鱼粉	育肥猪配合饲料	肉鸡配合饲料	蛋鸡配合饲料
全国均价	3.40	49.45	2.37	3.51	1.86	10.57	3.05	3.15	2.90
北京	3.36	49.91	2.23	3.01	1.73	11.55	2.91	3.31	2.58
天津	3.49	53.55	2.23	3.24	1.61	11.30	2.70	3.12	2.55
河北	3.18	46.94	2.17	3.24	1.53	10.09	2.83	3.11	2.58
山西	3.18	48.40	2.22	3.36	1.74	8.92	2.92	2.87	2.60
内蒙古	2.99	47.15	2.24	3.63	1.66	8.28	3.79	3.42	3.20
辽宁	3.24	51.10	2.28	3.56	1.75	9.27	3.00	2.93	2.63
吉林	3.23	48.63	2.23	3.54	1.85	11.85	2.92	2.94	2.59
黑龙江	2.99	50.26	2.08	3.37	1.81	12.16	2.66	2.75	2.60
上海	4.13	57.46	2.59	3.28	1.90	9.16	3.25	3.15	3.12
江苏	3.44	53.59	2.40	3.31	1.77	9.38	2.98	3.31	2.85
浙江	3.59	50.25	2.55	3.26	1.81	9.70	2.91	2.97	2.83
安徽	3.40	44.02	2.48	3.35	1.82	9.43	2.84	3.01	2.82
福建	3.96	63.34	2.63	3.38	2.08	10.64	2.98	3.10	2.98
江西	3.91	47.81	2.65	3.62	2.13	10.99	3.14	3.19	3.10
山东	3.24	54.45	2.21	3.24	1.61	10.02	2.78	3.07	2.62
河南	3.38	49.50	2.24	3.31	1.64	10.66	2.81	2.92	2.62
湖北	3.71	41.84	2.50	3.68	1.89	11.49	2.96	2.97	2.82
湖南		42.89	2.60	3.69	2.06	9.59	3.23	3.24	3.20
广东	4.18	53.69	2.70	3.64	2.14	11.96	3.19	3.38	3.32
广西	3.95	57.98	2.63	3.65	2.15	11.50	3.21	3.31	3.02
海南		72.70	2.85	3.83	2.32		3.42	3.50	3.37
重庆	3.52	44.21	2.46	3.51	1.96	10.19	2.93	3.04	2.74
四川	3.78	46.24	2.51	3.75	2.12	11.65	3.23	3.29	3.18
贵州	3.23	48.90	2.52	3.85	2.20	9.98	3.37	3.56	3.46
云南	3.14	47.99	2.32	3.87	2.27	10.86	3.46	3.70	3.51
西藏									
陕西	3.39	50.96	2.11	3.61	1.64	9.21	3.07	3.06	2.76
甘肃	3.65	44.81	2.09	3.41	1.72	10.32	3.25	3.14	3.04
青海	3.34	45.30	2.33	3.50	1.83	9.00	2.96	3.06	2.90
宁夏	3.62	44.04	2.10	3.49	1.65	11.01	3.17	3.29	3.04
新疆	3.80	46.20	2.04	3.88	1.73	13.02	2.88	3.11	2.79

5-4 各地区2012年4月畜产品及饲料集市价格

单位：元/千克、元/只

地区	仔猪	活猪	猪肉	鸡蛋	商品代蛋雏鸡	商品代肉雏鸡	活鸡	白条鸡	牛肉
全国均价	32.24	14.80	24.36	8.41	3.15	3.27	16.69	16.99	42.26
北京	31.88	14.36	23.71	7.38	3.30	3.62		14.99	37.93
天津	29.66	14.65	25.86	7.15	2.54	3.38	9.40	14.03	38.69
河北	32.55	14.60	23.79	7.06	3.10	3.44	11.21	14.23	37.50
山西	36.87	15.38	23.59	7.00	3.16	4.06	11.20	14.97	36.76
内蒙古	36.75	16.37	24.35	7.71	4.35	4.35	16.73	16.57	37.59
辽宁	46.08	13.80	22.58	6.76	2.97	3.56	25.71	15.18	39.49
吉林	39.50	13.79	22.54	6.72	2.99	3.79	14.19	13.90	38.53
黑龙江	33.78	13.32	21.08	6.77	2.80	3.23	11.83	13.68	37.92
上海	29.45	14.65	27.38	8.38	2.85	1.70	16.13	18.87	50.50
江苏	20.42	13.51	23.37	6.95	2.51	3.36	15.97	14.00	43.99
浙江	21.80	14.79	24.94	8.57	2.85	2.92	16.53	17.39	49.63
安徽	23.51	14.84	23.75	7.59	2.82	2.25	14.32	14.10	40.07
福建	40.71	14.46	22.36	8.31	3.33	1.89	16.05	19.31	50.37
江西	33.40	14.97	24.94	10.45	2.72	2.56	20.24	15.81	47.94
山东	22.03	14.04	23.94	6.72	2.79	3.86	9.98	15.05	40.69
河南	32.43	13.93	23.98	6.49	2.57	3.16	12.04	13.41	41.34
湖北	36.76	14.31	25.51	8.19	3.28	3.71	15.51	15.78	43.17
湖南	38.20	14.82	25.12	9.89	3.14	2.98	24.76	19.31	44.88
广东	36.60	14.82	24.37	10.19	2.94	2.23	20.24	23.62	53.51
广西	23.82	13.61	23.47	11.47	2.63	1.31	21.51	25.49	46.45
海南	27.89	13.70	25.80	12.75	2.55	2.51	22.84	25.73	56.20
重庆	25.50	14.81	23.19	8.96	2.59	2.36	17.72	16.20	42.11
四川	23.40	14.89	24.50	10.34	3.97	4.12	22.72	20.39	39.84
贵州	26.24	16.89	27.01	12.12	4.26	4.09	16.25	18.43	42.37
云南	35.80	16.30	26.54	9.55	3.86	4.07	16.68	18.00	43.28
西藏									
陕西	38.58	14.26	24.61	6.84	2.94	3.71	13.31	15.69	40.83
甘肃	39.76	16.30	25.79	8.21	3.77	3.38	16.66	19.45	39.90
青海	42.29	16.79	24.04	8.15	5.43	5.45	18.84	20.49	39.68
宁夏	35.73	15.43	24.50	7.04	3.35	4.40	15.88	16.82	40.21
新疆	34.54	17.20	26.54	7.22	3.58	3.17	15.11	16.58	37.50

5－4 续表

单位：元/千克、元/只

地 区	生鲜乳	羊肉	玉米	豆粕	小麦麸	进口鱼粉	育肥猪配合饲料	肉鸡配合饲料	蛋鸡配合饲料
全国均价	3.40	49.27	2.42	3.63	1.88	10.59	3.08	3.18	2.93
北 京	3.34	50.38	2.31	3.20	1.72	10.96	2.97	3.33	2.59
天 津	3.47	53.93	2.30	3.51	1.70	11.41	2.82	3.22	2.67
河 北	3.19	46.58	2.26	3.40	1.56	10.01	2.83	3.13	2.61
山 西	3.18	47.63	2.21	3.53	1.77	8.85	2.94	2.87	2.60
内蒙古	2.99	47.20	2.28	3.68	1.68	8.28	3.81	3.45	3.25
辽 宁	3.26	51.15	2.34	3.66	1.74	9.36	3.04	2.96	2.66
吉 林	3.28	48.85	2.28	3.55	1.87	11.83	2.92	2.93	2.60
黑龙江	2.99	51.86	2.15	3.44	1.84	12.16	2.69	2.77	2.60
上 海	4.11	56.92	2.66	3.46	1.89	9.49	3.27	3.22	3.17
江 苏	3.45	52.41	2.48	3.52	1.77	9.33	3.05	3.37	2.90
浙 江	3.59	50.76	2.58	3.45	1.82	9.77	2.95	2.96	2.84
安 徽	3.44	42.92	2.52	3.52	1.83	9.57	2.90	3.07	2.86
福 建	3.96	62.88	2.67	3.63	2.06	10.75	3.02	3.14	3.04
江 西	3.91	46.66	2.67	3.66	2.14	10.98	3.16	3.21	3.12
山 东	3.23	54.94	2.29	3.41	1.64	9.85	2.84	3.12	2.67
河 南	3.40	49.17	2.29	3.49	1.64	10.67	2.86	2.96	2.67
湖 北	3.63	41.08	2.57	3.83	1.91	10.95	3.01	3.02	2.85
湖 南		42.04	2.62	3.77	2.09	9.75	3.26	3.25	3.21
广 东	4.18	53.34	2.74	3.78	2.13	12.06	3.21	3.41	3.34
广 西	4.00	58.14	2.68	3.79	2.16	11.94	3.25	3.35	3.05
海 南		70.80	2.84	3.93	2.27		3.46	3.52	3.37
重 庆	3.51	42.66	2.49	3.61	1.99	10.25	2.98	3.07	2.76
四 川	3.78	45.65	2.54	3.86	2.12	11.67	3.26	3.30	3.19
贵 州	3.23	49.10	2.55	3.89	2.18	10.00	3.36	3.57	3.49
云 南	3.14	48.73	2.40	3.98	2.26	10.91	3.49	3.78	3.55
西 藏									
陕 西	3.41	50.48	2.15	3.66	1.66	9.19	3.10	3.09	2.80
甘 肃	3.72	44.49	2.17	3.50	1.75	10.47	3.28	3.19	3.10
青 海	3.38	44.25	2.41	3.51	1.85	9.00	2.97	3.04	2.91
宁 夏	3.40	43.50	2.17	3.59	1.71	10.94	3.22	3.29	3.07
新 疆	3.76	46.38	2.11	3.96	1.74	13.01	2.89	3.10	2.83

5-5 各地区2012年5月畜产品及饲料集市价格

单位：元/千克、元/只

地区	仔猪	活猪	猪肉	鸡蛋	商品代蛋雏鸡	商品代肉雏鸡	活鸡	白条鸡	牛肉
全国均价	31.56	14.25	23.31	8.23	3.07	3.07	16.41	16.73	42.79
北京	28.50	14.20	22.28	7.50	3.38	3.76		14.68	38.64
天津	29.75	14.42	24.88	7.14	2.65	3.27	9.16	13.96	39.02
河北	31.38	13.95	22.54	7.03	3.01	3.29	10.96	14.09	37.77
山西	37.13	14.72	22.59	7.07	3.23	4.10	11.37	15.00	37.14
内蒙古	36.14	15.69	23.06	7.61	4.26	4.37	16.54	16.19	38.59
辽宁	45.39	13.65	21.56	6.57	2.65	3.04	24.98	14.79	40.69
吉林	39.72	13.62	21.60	6.57	2.79	3.20	14.01	14.03	39.85
黑龙江	34.65	13.60	20.87	6.69	2.64	3.53	11.71	13.60	39.71
上海	29.62	14.29	26.78	8.34	2.62	1.51	15.84	18.72	51.27
江苏	19.34	13.10	22.57	6.89	2.44	2.74	15.54	13.74	43.84
浙江	21.53	14.07	23.88	8.08	2.83	2.76	15.86	16.80	49.45
安徽	22.81	14.05	23.07	7.41	2.65	1.84	13.13	13.77	40.23
福建	39.35	14.05	21.75	8.10	3.23	1.82	15.95	19.25	51.50
江西	32.09	14.24	23.80	10.09	2.63	2.45	19.99	15.72	47.46
山东	21.78	13.90	23.22	6.86	2.65	2.96	9.47	14.28	40.96
河南	32.39	13.46	22.87	6.60	2.41	2.80	11.64	13.17	41.25
湖北	35.73	13.69	24.35	7.89	3.30	3.66	15.71	15.72	43.63
湖南	36.56	13.90	23.84	9.57	3.13	3.03	24.71	19.30	45.22
广东	34.59	14.41	23.65	10.05	2.88	2.12	20.09	23.44	54.63
广西	22.68	13.02	21.97	11.19	2.95	1.39	21.08	25.02	46.79
海南	26.85	13.64	25.40	11.92	2.48	2.46	22.04	24.96	56.16
重庆	23.60	13.79	21.58	8.52	2.46	2.30	16.95	15.52	42.77
四川	22.19	14.18	23.36	10.09	4.03	3.98	22.38	20.07	40.33
贵州	24.76	15.64	25.10	11.47	4.24	3.96	15.94	17.89	43.20
云南	33.50	14.95	24.93	9.44	3.79	3.90	16.22	17.49	44.38
西藏									
陕西	40.27	13.80	23.34	6.84	2.86	3.70	13.25	15.55	40.81
甘肃	38.72	15.79	24.84	7.69	3.77	3.53	16.42	18.55	40.67
青海	43.80	16.04	23.21	7.90	5.40	5.60	18.96	20.46	40.86
宁夏	34.97	15.17	23.47	7.16	3.17	3.67	15.89	16.70	41.10
新疆	36.17	17.20	26.70	7.17	3.48	3.21	15.60	17.23	38.37

5-5 续表

单位：元/千克、元/只

地　区	生鲜乳	羊肉	玉米	豆粕	小麦麸	进口鱼粉	育肥猪配合饲料	肉鸡配合饲料	蛋鸡配合饲料
全国均价	3.40	49.52	2.46	3.69	1.89	10.65	3.10	3.20	2.95
北　京	3.32	50.80	2.34	3.29	1.75	10.99	3.04	3.41	2.65
天　津	3.43	54.36	2.34	3.52	1.68	11.42	2.84	3.26	2.69
河　北	3.18	46.73	2.28	3.47	1.56	10.06	2.85	3.16	2.62
山　西	3.22	47.58	2.25	3.59	1.77	8.86	2.98	2.92	2.65
内蒙古	2.98	47.69	2.32	3.77	1.71	8.25	3.81	3.45	3.26
辽　宁	3.25	52.10	2.35	3.63	1.76	9.46	3.04	2.97	2.70
吉　林	3.28	49.98	2.29	3.56	1.87	11.77	2.94	2.95	2.60
黑龙江	2.97	53.15	2.21	3.47	1.85	12.58	2.72	2.80	2.62
上　海	4.09	56.53	2.66	3.52	1.90	9.77	3.28	3.20	3.14
江　苏	3.46	52.46	2.51	3.56	1.78	9.35	3.06	3.39	2.93
浙　江	3.61	50.52	2.60	3.49	1.84	10.11	2.96	2.98	2.85
安　徽	3.46	42.94	2.55	3.59	1.82	9.64	2.92	3.09	2.89
福　建	3.96	62.86	2.67	3.65	2.03	11.00	3.02	3.14	3.04
江　西	3.93	46.39	2.67	3.71	2.15	10.90	3.19	3.23	3.13
山　东	3.22	55.51	2.32	3.47	1.64	9.72	2.86	3.14	2.69
河　南	3.42	49.10	2.33	3.55	1.65	10.86	2.88	3.02	2.70
湖　北	3.64	40.59	2.60	3.82	1.92	10.90	3.03	3.03	2.86
湖　南		41.98	2.64	3.87	2.08	9.77	3.29	3.26	3.21
广　东	4.17	52.94	2.74	3.83	2.12	12.09	3.23	3.44	3.39
广　西	3.97	57.73	2.71	3.87	2.17	11.92	3.29	3.38	3.06
海　南		69.36	2.86	4.00	2.31		3.49	3.57	3.44
重　庆	3.49	42.33	2.56	3.71	2.03	10.36	2.99	3.09	2.81
四　川	3.74	45.17	2.57	3.99	2.12	11.64	3.28	3.32	3.22
贵　州	3.23	50.46	2.60	3.88	2.19	9.95	3.33	3.57	3.49
云　南	3.14	50.05	2.51	4.05	2.33	11.13	3.51	3.74	3.56
西　藏									
陕　西	3.42	50.30	2.19	3.65	1.69	9.10	3.08	3.09	2.76
甘　肃	3.77	44.11	2.26	3.63	1.75	10.49	3.31	3.21	3.10
青　海	3.39	45.98	2.53	3.52	1.82	9.00	3.03	3.07	3.00
宁　夏	3.23	43.27	2.31	3.63	1.78	11.20	3.29	3.37	3.12
新　疆	3.81	47.69	2.17	4.04	1.75	12.89	2.89	3.13	2.85

5-6 各地区2012年6月畜产品及饲料集市价格

单位：元/千克、元/只

地区	仔猪	活猪	猪肉	鸡蛋	商品代蛋雏鸡	商品代肉雏鸡	活鸡	白条鸡	牛肉
全国均价	30.55	14.05	22.78	9.29	3.10	2.81	16.40	16.74	43.68
北京	27.25	14.41	22.03	9.05	3.10	3.53		14.47	38.95
天津	30.76	14.57	24.30	8.93	2.80	2.98	9.08	14.06	38.83
河北	30.45	13.79	22.38	8.58	3.05	2.91	11.28	14.04	38.74
山西	36.03	14.23	21.61	8.70	3.41	4.12	11.59	15.00	37.69
内蒙古	34.83	15.60	22.52	9.12	4.28	4.45	16.76	16.27	39.88
辽宁	45.82	13.96	21.88	8.32	2.63	2.29	24.85	14.74	42.31
吉林	40.27	13.85	21.64	8.30	2.69	2.36	14.05	13.95	41.60
黑龙江	35.70	13.70	20.96	8.38	2.64	3.48	11.59	13.55	41.92
上海	26.05	14.18	26.43	9.64	2.53	1.56	15.90	18.85	56.34
江苏	17.75	12.60	21.60	8.03	2.60	2.26	15.39	13.18	44.22
浙江	20.17	13.59	23.11	8.99	2.95	2.55	15.51	16.61	49.05
安徽	21.98	13.37	22.36	8.58	2.89	1.88	13.34	14.13	40.94
福建	37.49	13.81	20.96	9.00	3.15	1.77	15.80	19.50	52.35
江西	30.57	13.90	22.84	10.35	2.69	2.43	19.86	15.64	47.90
山东	21.01	13.90	22.95	8.12	2.66	2.00	8.97	13.93	41.40
河南	31.91	13.60	22.37	7.85	2.59	2.37	11.61	13.12	41.45
湖北	33.90	13.39	23.59	8.54	3.46	3.27	15.89	15.90	43.67
湖南	34.33	13.45	22.64	9.92	3.15	3.02	24.20	19.33	46.00
广东	32.92	14.46	23.30	10.76	2.70	1.98	19.86	23.42	54.67
广西	22.23	13.21	21.79	11.38	2.65	1.40	20.97	25.10	47.77
海南	27.39	14.71	25.98	12.05	2.45	2.45	22.11	25.13	58.33
重庆	22.39	13.28	20.80	9.16	2.42	2.16	17.04	15.46	44.03
四川	21.00	13.70	22.55	10.61	3.85	3.70	22.40	20.30	41.18
贵州	23.71	14.91	24.16	11.91	4.25	3.99	16.43	18.06	44.46
云南	30.94	14.29	24.26	10.03	3.79	3.73	15.70	17.21	45.15
西藏									
陕西	37.47	13.09	22.28	8.64	2.98	3.41	13.34	15.80	41.25
甘肃	37.65	15.98	24.43	9.14	3.81	3.69	16.34	18.32	42.02
青海	44.53	15.90	22.70	9.57	4.41	5.60	19.61	19.97	43.23
宁夏	33.00	14.68	23.49	9.19	3.22	3.56	16.25	17.12	44.08
新疆	37.49	17.42	26.98	8.53	3.60	3.21	16.30	18.24	39.85

5-6 续表

单位：元/千克、元/只

地　区	生鲜乳	羊肉	玉米	豆粕	小麦麸	进口鱼粉	育肥猪配合饲料	肉鸡配合饲料	蛋鸡配合饲料
全国均价	3.40	50.23	2.49	3.68	1.90	10.76	3.12	3.22	2.96
北　京	3.30	50.23	2.34	3.31	1.76	11.45	3.03	3.47	2.64
天　津	3.43	54.68	2.36	3.43	1.68	11.53	2.85	3.27	2.70
河　北	3.20	47.89	2.30	3.47	1.58	10.19	2.87	3.17	2.64
山　西	3.24	47.77	2.30	3.55	1.76	8.77	3.01	2.92	2.68
内蒙古	3.00	49.26	2.33	3.79	1.76	8.25	3.78	3.46	3.26
辽　宁	3.31	53.41	2.37	3.63	1.81	9.85	3.03	2.97	2.69
吉　林	3.28	51.38	2.30	3.58	1.88	11.90	2.95	2.98	2.62
黑龙江	2.96	55.05	2.23	3.48	1.86	13.03	2.75	2.83	2.63
上　海	4.08	56.75	2.66	3.48	1.92	10.42	3.31	3.18	3.14
江　苏	3.46	52.85	2.50	3.54	1.79	9.83	3.05	3.37	2.92
浙　江	3.64	50.24	2.62	3.47	1.88	10.64	2.98	2.99	2.86
安　徽	3.45	42.63	2.54	3.56	1.83	9.78	2.89	3.06	2.87
福　建	3.96	63.10	2.67	3.60	2.10	11.13	3.01	3.13	3.04
江　西	3.92	46.29	2.68	3.70	2.17	10.93	3.20	3.23	3.14
山　东	3.21	56.23	2.34	3.41	1.64	9.61	2.87	3.15	2.70
河　南	3.41	49.20	2.35	3.51	1.64	11.14	2.88	3.02	2.69
湖　北	3.68	40.68	2.64	3.81	1.93	10.90	3.05	3.06	2.88
湖　南		42.86	2.65	3.89	2.10	9.73	3.33	3.29	3.23
广　东	4.13	51.87	2.71	3.80	2.14	12.12	3.21	3.47	3.39
广　西	3.98	58.16	2.72	3.86	2.20	11.85	3.28	3.40	3.07
海　南		68.85	2.83	3.96	2.33		3.49	3.57	3.46
重　庆	3.45	43.57	2.60	3.67	2.05	10.74	3.01	3.11	2.84
四　川	3.78	45.51	2.60	3.98	2.13	11.49	3.31	3.37	3.26
贵　州	3.23	51.88	2.66	3.97	2.21	9.97	3.44	3.62	3.55
云　南	3.16	51.55	2.62	4.03	2.35	11.19	3.49	3.69	3.52
西　藏									
陕　西	3.33	50.71	2.25	3.63	1.70	8.97	3.08	3.07	2.77
甘　肃	3.84	45.24	2.37	3.64	1.76	10.38	3.39	3.23	3.13
青　海	3.30	47.78	2.65	3.55	1.82	9.00	3.12	3.14	3.10
宁　夏	3.23	44.71	2.38	3.58	1.86	11.83	3.40	3.48	3.21
新　疆	3.81	49.67	2.23	4.14	1.80	12.81	2.95	3.16	2.89

5－7 各地区 2012 年 7 月畜产品及饲料集市价格

单位：元/千克、元/只

地 区	仔猪	活猪	猪肉	鸡蛋	商品代蛋雏鸡	商品代肉雏鸡	活鸡	白条鸡	牛肉
全国均价	29.69	14.00	22.61	9.09	3.07	2.65	16.37	16.71	44.34
北 京	27.50	14.38	22.40	8.74	3.09	3.81		14.67	39.50
天 津	31.88	14.68	24.73	8.41	2.70	2.72	9.05	14.50	38.98
河 北	29.04	13.82	22.22	7.92	2.97	2.83	11.37	14.06	39.69
山 西	36.04	14.08	21.54	8.14	3.35	4.07	11.58	14.86	37.96
内蒙古	35.25	15.54	22.32	8.94	4.32	4.68	16.66	16.24	40.23
辽 宁	44.62	14.04	22.09	7.61	2.52	1.87	24.18	14.55	43.46
吉 林	39.81	13.89	21.67	7.44	2.62	2.09	14.15	13.74	43.00
黑龙江	35.70	13.67	20.87	7.08	2.65	3.43	11.64	13.37	42.79
上 海	25.89	14.10	26.38	9.55	2.55	1.45	16.13	18.70	57.83
江 苏	17.24	12.46	21.30	8.03	2.51	1.78	15.20	13.42	44.10
浙 江	19.35	13.26	22.62	8.95	3.00	2.44	15.51	16.83	49.11
安 徽	21.34	13.46	21.98	8.46	2.97	1.77	13.53	14.25	40.75
福 建	35.72	13.70	20.66	9.04	3.16	1.82	15.78	19.38	53.54
江 西	29.56	13.72	22.54	10.43	2.75	2.40	19.71	15.61	48.20
山 东	20.55	13.91	23.08	7.96	2.61	1.57	8.94	13.93	41.47
河 南	31.01	13.73	22.21	7.67	2.68	2.09	11.70	13.01	41.63
湖 北	32.02	13.33	23.11	8.50	3.48	2.89	16.37	16.23	43.80
湖 南	32.46	13.39	22.00	10.07	3.11	2.91	24.10	19.36	46.07
广 东	32.56	14.54	23.16	10.79	2.69	1.88	20.28	23.84	55.69
广 西	22.63	13.62	22.31	11.56	2.18	1.37	20.56	24.87	49.28
海 南	26.51	14.45	26.04	11.51	2.45	2.42	21.75	24.53	59.80
重 庆	20.91	13.00	20.62	8.89	2.44	2.09	17.17	15.78	44.97
四 川	20.37	13.41	22.17	10.62	3.82	3.44	22.47	19.94	41.74
贵 州	22.89	14.38	23.60	11.99	4.14	3.89	16.56	18.04	45.59
云 南	29.45	14.06	24.06	10.12	3.75	3.65	15.36	16.84	45.99
西 藏									
陕 西	35.85	13.46	22.53	8.28	2.85	3.06	13.17	15.75	41.28
甘 肃	36.76	15.99	24.08	9.13	3.95	3.72	16.30	18.38	43.01
青 海	43.56	15.81	22.49	9.14	2.61		19.76	20.00	44.88
宁 夏	31.98	14.39	23.27	9.08	3.32	3.70	15.86	17.18	45.25
新 疆	36.63	17.45	26.83	8.34	3.66	3.31	15.99	18.41	41.47

5-7 续表

单位：元/千克、元/只

地 区	生鲜乳	羊肉	玉米	豆粕	小麦麸	进口鱼粉	育肥猪配合饲料	肉鸡配合饲料	蛋鸡配合饲料
全国均价	3.40	50.76	2.51	3.83	1.92	10.97	3.15	3.24	2.99
北 京	3.28	52.61	2.37	3.57	1.77	11.63	3.02	3.44	2.62
天 津	3.47	54.78	2.40	3.71	1.71	11.53	2.92	3.30	2.75
河 北	3.19	49.42	2.33	3.59	1.60	10.31	2.90	3.18	2.66
山 西	3.25	47.67	2.34	3.66	1.76	8.92	3.03	2.93	2.71
内蒙古	3.00	49.81	2.35	3.81	1.78	8.32	3.79	3.48	3.28
辽 宁	3.31	54.34	2.40	3.86	1.85	10.26	3.08	3.04	2.77
吉 林	3.27	52.77	2.31	3.65	1.87	11.97	2.96	2.99	2.63
黑龙江	2.94	55.97	2.24	3.54	1.89	13.50	2.79	2.85	2.66
上 海	4.09	56.79	2.67	3.85	1.96	11.28	3.45	3.27	3.20
江 苏	3.48	53.44	2.55	3.78	1.81	10.28	3.11	3.44	3.00
浙 江	3.67	50.08	2.64	3.72	1.92	11.21	3.03	3.03	2.90
安 徽	3.44	42.95	2.56	3.75	1.83	9.87	2.94	3.09	2.89
福 建	3.95	62.89	2.68	3.94	2.14	11.50	3.07	3.17	3.08
江 西	3.90	46.48	2.70	3.78	2.17	11.01	3.23	3.25	3.16
山 东	3.17	56.32	2.37	3.67	1.68	9.82	2.92	3.22	2.76
河 南	3.42	49.34	2.37	3.77	1.66	11.37	2.92	3.07	2.71
湖 北	3.73	40.50	2.67	3.99	1.94	10.96	3.07	3.08	2.88
湖 南		43.13	2.67	3.99	2.12	9.84	3.33	3.29	3.24
广 东	4.11	51.17	2.74	4.05	2.22	12.32	3.27	3.53	3.44
广 西	3.94	58.38	2.74	3.99	2.22	12.10	3.29	3.44	3.11
海 南		68.70	2.78	3.90	2.17		3.45	3.48	3.34
重 庆	3.48	43.71	2.63	3.77	2.09	11.24	3.08	3.16	2.90
四 川	3.72	45.80	2.60	4.05	2.13	11.67	3.33	3.38	3.26
贵 州	3.23	53.12	2.69	4.08	2.23	10.03	3.53	3.68	3.63
云 南	3.17	52.91	2.72	4.17	2.37	11.29	3.50	3.61	3.46
西 藏									
陕 西	3.36	51.16	2.27	3.67	1.70	8.95	3.07	3.03	2.77
甘 肃	3.87	46.43	2.41	3.68	1.76	10.36	3.43	3.24	3.14
青 海	3.32	49.48	2.62	3.51	1.83	9.00	3.15	3.16	3.14
宁 夏	3.21	44.63	2.39	3.59	1.87	12.78	3.45	3.52	3.25
新 疆	3.81	50.81	2.31	4.29	1.79	12.76	3.01	3.21	2.95

5-8 各地区2012年8月畜产品及饲料集市价格

单位：元/千克、元/只

地 区	仔猪	活猪	猪肉	鸡蛋	商品代蛋雏鸡	商品代肉雏鸡	活鸡	白条鸡	牛肉
全国均价	28.74	14.28	22.94	9.70	3.11	2.60	16.58	16.90	45.34
北 京	26.90	14.32	22.60	9.58	3.03	4.15		14.67	40.02
天 津	31.46	14.40	24.66	9.13	2.74	2.50	9.05	14.16	39.82
河 北	27.49	13.71	22.36	8.85	2.92	2.74	11.70	14.07	40.73
山 西	35.84	14.02	21.68	8.93	3.45	3.67	11.65	14.86	38.60
内 蒙 古	35.11	15.51	22.50	9.38	4.67	4.86	16.75	16.21	41.52
辽 宁	41.19	13.94	22.41	8.66	2.60	1.75	23.98	14.73	44.98
吉 林	37.28	14.08	21.38	8.41	2.70	1.91	14.53	13.61	44.16
黑 龙 江	35.05	14.16	21.66	8.71	2.64	3.27	11.89	13.59	44.31
上 海	25.60	14.48	26.72	10.06	2.43	1.34	15.98	18.68	58.93
江 苏	17.00	12.95	21.59	9.18	2.54	1.70	15.25	14.11	44.83
浙 江	19.23	13.95	22.95	9.51	3.00	2.41	15.66	17.48	49.59
安 徽	21.13	14.09	22.33	9.32	3.07	1.80	13.81	14.61	41.41
福 建	31.76	14.01	20.69	10.05	3.19	1.82	15.80	19.36	55.67
江 西	28.45	13.91	22.55	10.49	2.75	2.36	19.61	15.44	49.98
山 东	18.94	13.51	22.69	8.97	2.68	1.41	9.21	14.31	41.84
河 南	30.33	14.01	22.61	8.66	2.83	2.21	12.07	13.12	42.28
湖 北	31.55	13.97	23.69	9.26	3.39	2.60	17.23	16.63	44.35
湖 南	32.50	14.33	22.92	10.50	3.12	2.84	23.69	20.07	46.38
广 东	29.84	14.41	22.36	11.16	2.76	2.01	20.58	23.90	56.54
广 西	21.71	13.72	22.53	11.63	2.20	1.30	20.60	24.74	50.72
海 南	24.71	14.70	25.68	11.65	2.50	2.42	21.90	24.34	61.40
重 庆	19.87	13.71	21.76	9.40	2.49	2.22	17.68	15.99	46.35
四 川	20.35	14.11	22.99	10.91	3.77	3.36	22.80	19.94	42.73
贵 州	22.56	14.60	24.49	11.97	4.11	3.91	16.81	18.44	46.99
云 南	26.31	14.07	23.81	10.11	3.80	3.73	15.92	17.36	46.68
西 藏									
陕 西	35.84	14.22	23.05	8.91	2.91	2.84	13.66	15.88	42.68
甘 肃	36.61	16.00	24.75	9.31	3.97	3.74	16.56	18.90	43.99
青 海	42.73	16.15	23.81	9.83	2.00		19.86	20.75	45.82
宁 夏	30.32	14.66	23.72	9.29	3.19	3.60	16.08	17.30	46.20
新 疆	37.52	17.85	27.14	8.79	3.79	3.44	16.16	18.48	42.71

5-8 续表

单位：元/千克、元/只

地 区	生鲜乳	羊肉	玉米	豆粕	小麦麸	进口鱼粉	育肥猪配合饲料	肉鸡配合饲料	蛋鸡配合饲料
全国均价	3.41	51.57	2.55	4.20	1.96	11.19	3.23	3.31	3.05
北 京	3.31	54.24	2.39	3.95	1.80	12.00	3.11	3.56	2.65
天 津	3.45	55.58	2.43	4.23	1.78	11.42	3.03	3.38	2.84
河 北	3.20	50.89	2.37	4.10	1.68	10.74	2.97	3.27	2.75
山 西	3.31	48.51	2.33	4.15	1.77	9.03	3.10	2.92	2.75
内 蒙 古	2.96	50.69	2.37	3.92	1.78	8.75	3.81	3.51	3.26
辽 宁	3.32	55.57	2.45	4.13	1.90	10.21	3.18	3.13	2.84
吉 林	3.23	55.26	2.34	4.03	1.90	11.85	3.03	3.04	2.68
黑 龙 江	2.91	57.21	2.27	3.76	1.91	13.73	2.85	2.90	2.72
上 海	4.12	57.43	2.72	4.39	2.02	11.73	3.66	3.45	3.33
江 苏	3.45	54.73	2.57	4.29	1.85	10.56	3.20	3.53	3.07
浙 江	3.75	50.30	2.68	4.18	1.97	11.91	3.11	3.10	2.96
安 徽	3.44	43.05	2.58	4.20	1.86	10.03	3.04	3.18	2.97
福 建	3.97	63.40	2.74	4.43	2.18	11.84	3.18	3.25	3.17
江 西	3.86	45.90	2.79	4.18	2.20	11.01	3.32	3.35	3.22
山 东	3.18	56.69	2.40	4.21	1.71	10.20	3.01	3.30	2.85
河 南	3.41	49.55	2.43	4.34	1.68	11.53	3.00	3.16	2.78
湖 北	3.81	40.82	2.66	4.46	1.98	11.12	3.13	3.16	2.96
湖 南		43.58	2.70	4.24	2.15	10.01	3.38	3.34	3.28
广 东	4.14	51.49	2.78	4.45	2.26	12.35	3.35	3.62	3.56
广 西	3.87	58.59	2.77	4.28	2.28	12.36	3.37	3.52	3.20
海 南		69.00	2.79	4.26	2.27		3.53	3.55	3.44
重 庆	3.66	43.95	2.64	4.08	2.12	11.55	3.12	3.17	2.93
四 川	3.76	46.76	2.64	4.30	2.16	11.99	3.36	3.40	3.29
贵 州	3.24	54.46	2.72	4.35	2.26	10.34	3.64	3.76	3.70
云 南	3.16	54.48	2.80	4.45	2.38	11.37	3.57	3.68	3.55
西 藏									
陕 西	3.30	51.61	2.30	4.03	1.73	9.04	3.15	3.12	2.87
甘 肃	3.91	47.81	2.49	3.85	1.78	10.48	3.48	3.29	3.19
青 海	3.48	51.66	2.60	3.70	1.86	9.00	3.18	3.19	3.17
宁 夏	3.25	45.43	2.42	3.71	1.87	12.94	3.44	3.49	3.23
新 疆	3.90	51.91	2.39	4.50	1.82	12.78	3.09	3.28	3.00

5-9 各地区2012年9月畜产品及饲料集市价格

单位：元/千克、元/只

地　区	仔猪	活猪	猪肉	鸡蛋	商品代蛋雏鸡	商品代肉雏鸡	活鸡	白条鸡	牛肉
全国均价	28.82	14.89	23.80	10.60	3.19	2.65	17.04	17.28	46.87
北　京	27.25	14.68	23.17	10.50	3.18	4.29		15.08	43.20
天　津	30.98	14.76	25.24	9.95	2.81	2.52	9.16	14.20	41.28
河　北	26.85	14.21	23.05	9.83	2.86	2.78	12.17	14.40	42.13
山　西	36.64	14.64	22.94	9.94	3.58	3.48	12.01	15.25	39.24
内蒙古	35.80	16.01	23.59	10.54	4.61	4.66	17.42	16.45	42.88
辽　宁	41.40	14.63	23.48	9.64	2.68	1.72	24.40	15.13	47.05
吉　林	37.25	14.50	21.50	9.71	2.90	1.77	14.69	13.92	45.40
黑龙江	35.31	14.54	22.41	10.00	2.77	3.26	11.96	14.03	46.56
上　海	26.06	15.26	27.12	11.23	2.64	1.78	16.29	19.02	60.34
江　苏	17.50	13.67	22.44	10.08	2.80	1.92	15.93	14.83	47.09
浙　江	19.68	14.74	24.06	10.54	3.10	2.41	15.93	17.87	50.57
安　徽	22.24	14.84	23.25	10.26	3.21	1.91	14.30	15.17	42.70
福　建	30.66	14.49	21.29	11.02	3.24	1.90	16.14	19.50	57.59
江　西	28.43	14.81	23.60	11.00	2.93	2.46	20.03	15.60	52.53
山　东	19.44	13.92	23.32	9.74	2.77	1.52	9.39	14.58	43.14
河　南	30.51	14.46	23.40	9.51	2.91	2.25	12.36	13.32	43.53
湖　北	31.76	14.87	25.32	10.04	3.51	2.77	17.80	16.86	45.98
湖　南	32.01	14.81	23.75	11.03	3.26	2.99	24.01	20.13	48.78
广　东	29.37	14.96	22.32	11.67	2.98	2.19	21.04	24.39	57.38
广　西	21.60	14.35	23.22	12.22	2.73	1.38	21.29	25.27	52.62
海　南	24.23	15.17	25.50	11.83	2.65	2.48	22.23	24.20	62.45
重　庆	20.94	14.83	23.22	10.96	2.65	2.40	18.27	15.77	47.43
四　川	20.90	14.95	24.20	11.69	3.73	3.41	23.18	20.31	44.24
贵　州	22.98	15.59	25.41	12.51	4.21	4.05	17.96	19.64	48.82
云　南	25.81	14.87	24.56	10.69	3.80	3.79	16.61	18.19	47.73
西　藏									
陕　西	35.66	15.10	24.51	10.32	3.14	2.97	13.97	16.01	44.00
甘　肃	36.29	16.30	25.14	10.37	4.31	3.83	17.48	20.04	44.94
青　海	40.60	16.06	24.50	11.07	2.00		20.16	21.33	46.18
宁　夏	32.08	15.24	25.23	10.58	2.72	3.15	16.96	17.75	47.33
新　疆	37.67	18.07	27.42	10.15	3.77	3.34	16.61	18.70	43.88

5－9 续表

单位：元/千克、元/只

地区	生鲜乳	羊肉	玉米	豆粕	小麦麸	进口鱼粉	育肥猪配合饲料	肉鸡配合饲料	蛋鸡配合饲料
全国均价	3.43	52.70	2.57	4.52	1.98	11.30	3.29	3.38	3.10
北　京	3.39	55.90	2.36	4.41	1.79	12.24	3.19	3.77	2.76
天　津	3.45	55.70	2.44	4.52	1.71	11.31	3.07	3.41	2.87
河　北	3.22	52.38	2.40	4.49	1.75	11.26	3.06	3.38	2.81
山　西	3.33	49.74	2.34	4.57	1.77	9.04	3.15	2.96	2.80
内蒙古	2.92	51.87	2.39	4.06	1.78	8.85	3.77	3.50	3.19
辽　宁	3.35	57.33	2.48	4.36	1.97	10.12	3.23	3.21	2.88
吉　林	3.13	56.15	2.38	4.38	1.95	11.77	3.08	3.09	2.74
黑龙江	2.92	58.46	2.30	4.01	1.92	13.85	2.90	2.95	2.78
上　海	4.17	57.58	2.74	4.64	2.01	11.36	3.75	3.51	3.42
江　苏	3.46	56.07	2.57	4.61	1.84	10.67	3.23	3.58	3.11
浙　江	3.74	51.18	2.71	4.43	2.00	12.07	3.22	3.24	3.06
安　徽	3.45	43.93	2.62	4.56	1.87	9.92	3.10	3.27	3.03
福　建	3.98	64.62	2.75	4.68	2.15	11.99	3.23	3.31	3.22
江　西	3.88	47.04	2.85	4.51	2.25	11.19	3.41	3.42	3.29
山　东	3.21	58.26	2.40	4.52	1.69	10.27	3.09	3.36	2.94
河　南	3.38	49.99	2.42	4.66	1.71	11.50	3.06	3.20	2.82
湖　北	3.85	43.02	2.67	4.82	2.01	11.40	3.23	3.25	3.02
湖　南		44.71	2.74	4.58	2.15	10.14	3.49	3.45	3.38
广　东	4.14	52.22	2.78	4.62	2.22	12.06	3.39	3.66	3.62
广　西	3.91	60.43	2.84	4.64	2.33	12.74	3.53	3.62	3.29
海　南		69.40	2.84	4.55	2.47		3.54	3.56	3.50
重　庆	3.80	44.53	2.61	4.40	2.15	11.53	3.19	3.23	3.00
四　川	3.77	48.75	2.66	4.67	2.17	12.03	3.42	3.44	3.33
贵　州	3.31	56.25	2.71	4.60	2.27	10.99	3.58	3.72	3.66
云　南	3.16	56.40	2.84	4.72	2.38	11.43	3.66	3.74	3.59
西　藏									
陕　西	3.26	52.93	2.27	4.47	1.73	9.20	3.21	3.21	2.96
甘　肃	3.96	48.35	2.60	4.10	1.83	11.10	3.62	3.44	3.33
青　海	3.36	51.70	2.66	4.04	1.90	9.00	3.29	3.26	3.17
宁　夏	3.22	46.67	2.44	4.07	1.92	12.92	3.43	3.48	3.28
新　疆	4.07	52.13	2.33	4.89	1.89	12.72	3.19	3.38	3.04

5-10 各地区2012年10月畜产品及饲料集市价格

单位：元/千克、元/只

地区	仔猪	活猪	猪肉	鸡蛋	商品代蛋雏鸡	商品代肉雏鸡	活鸡	白条鸡	牛肉
全国均价	27.72	14.85	23.92	10.35	3.14	2.68	17.22	17.43	48.50
北京	27.80	14.62	23.05	9.99	3.06	4.27		15.33	45.00
天津	30.16	14.75	25.57	9.32	2.87	2.60	9.06	14.53	42.70
河北	24.74	14.18	23.11	9.14	2.79	2.71	12.12	14.70	43.63
山西	34.46	14.62	22.90	9.47	3.39	3.47	11.85	15.43	40.18
内蒙古	35.55	16.09	24.09	10.59	4.54	4.57	17.42	16.43	45.11
辽宁	39.15	14.46	23.75	8.91	2.47	1.66	24.59	15.27	48.74
吉林	34.79	14.36	22.13	9.01	2.78	1.75	15.04	13.78	48.40
黑龙江	33.79	14.23	22.20	9.16	2.79	3.21	11.71	13.94	47.76
上海	25.50	14.96	26.73	10.37	2.85	2.03	16.42	18.64	58.80
江苏	16.41	13.59	22.67	9.41	2.82	2.16	16.38	14.92	48.48
浙江	19.85	14.49	24.08	10.46	3.14	2.40	16.15	17.99	51.66
安徽	21.45	14.88	23.45	9.75	3.09	2.04	14.85	15.43	45.24
福建	29.24	14.25	21.40	10.65	3.31	1.91	16.27	19.20	58.60
江西	27.98	14.83	23.81	10.89	2.81	2.39	20.03	15.95	56.50
山东	18.84	14.09	23.28	8.78	2.65	1.67	9.38	14.80	44.34
河南	29.05	14.26	23.25	8.85	2.78	2.29	12.33	13.46	45.19
湖北	31.37	14.89	25.54	9.83	3.53	2.90	17.79	16.80	48.29
湖南	29.27	14.80	23.86	11.37	3.28	3.04	24.31	20.42	51.45
广东	28.30	14.85	22.37	11.39	2.87	2.38	21.40	24.80	58.86
广西	20.39	14.11	23.03	12.39	2.57	1.36	21.65	25.77	54.94
海南	22.22	14.82	25.48	12.67	2.76	2.55	22.83	24.66	63.12
重庆	20.64	15.36	23.70	11.22	2.59	2.39	18.59	15.54	48.37
四川	20.62	15.14	24.52	11.89	3.81	3.45	23.94	20.69	46.00
贵州	22.58	15.77	25.55	12.89	4.22	4.09	18.32	19.67	50.59
云南	25.74	15.39	25.28	10.90	3.76	3.74	16.97	18.50	48.62
西藏									
陕西	32.46	14.58	24.26	9.70	3.15	2.90	13.89	15.96	44.47
甘肃	36.08	16.17	25.25	10.33	4.33	4.01	17.58	20.05	45.98
青海	38.90	15.93	24.30	10.93	2.00		20.19	21.14	46.00
宁夏	34.17	15.84	25.96	10.56	2.78	3.16	17.27	18.00	49.20
新疆	37.24	17.64	27.62	10.32	3.76	3.30	16.70	18.72	44.46

5-10 续表

单位：元/千克、元/只

地 区	生鲜乳	羊肉	玉米	豆粕	小麦麸	进口鱼粉	育肥猪配合饲料	肉鸡配合饲料	蛋鸡配合饲料
全国均价	3.44	53.92	2.51	4.39	1.96	11.23	3.28	3.36	3.09
北 京	3.42	55.36	2.25	4.23	1.73	12.27	3.11	3.73	2.75
天 津	3.49	56.42	2.33	4.22	1.65	11.31	3.03	3.40	2.84
河 北	3.23	52.69	2.31	4.36	1.73	11.22	3.05	3.36	2.80
山 西	3.37	50.56	2.30	4.41	1.76	9.11	3.14	2.97	2.79
内蒙古	2.93	53.24	2.39	4.04	1.78	8.94	3.76	3.47	3.18
辽 宁	3.36	58.94	2.43	4.21	1.94	9.98	3.17	3.18	2.87
吉 林	3.06	57.42	2.39	4.32	1.94	11.77	3.08	3.10	2.76
黑龙江	2.94	59.36	2.30	4.10	1.93	13.89	2.91	2.96	2.80
上 海	4.21	57.95	2.65	4.25	2.01	11.16	3.68	3.55	3.41
江 苏	3.42	57.16	2.41	4.31	1.81	10.47	3.16	3.50	3.00
浙 江	3.73	52.80	2.64	4.18	1.96	11.66	3.22	3.24	3.05
安 徽	3.48	45.78	2.53	4.32	1.82	9.83	3.05	3.20	2.98
福 建	4.03	66.12	2.70	4.35	2.06	11.89	3.20	3.29	3.19
江 西	3.88	49.93	2.83	4.51	2.23	11.03	3.41	3.42	3.29
山 东	3.26	59.28	2.26	4.25	1.67	10.18	3.03	3.31	2.86
河 南	3.38	51.15	2.27	4.35	1.70	11.34	3.01	3.15	2.78
湖 北	3.82	45.25	2.61	4.51	1.98	11.21	3.17	3.20	2.95
湖 南		46.71	2.69	4.55	2.13	10.30	3.50	3.46	3.40
广 东	4.11	54.76	2.70	4.41	2.18	11.99	3.37	3.63	3.62
广 西	3.90	63.17	2.79	4.61	2.29	12.72	3.57	3.65	3.35
海 南		70.08	2.84	4.55	2.40		3.51	3.51	3.48
重 庆	3.87	45.92	2.61	4.37	2.17	11.51	3.23	3.27	3.04
四 川	3.80	50.49	2.67	4.64	2.16	12.11	3.42	3.44	3.33
贵 州	3.32	58.11	2.66	4.51	2.25	11.18	3.53	3.70	3.64
云 南	3.15	57.04	2.74	4.60	2.36	11.41	3.62	3.71	3.57
西 藏									
陕 西	3.27	53.55	2.23	4.54	1.73	9.22	3.24	3.24	2.99
甘 肃	3.89	48.24	2.57	4.08	1.83	10.91	3.66	3.50	3.42
青 海	3.36	49.94	2.61	4.65	1.87	9.00	3.25	3.25	3.14
宁 夏	3.25	47.73	2.46	4.22	1.92	12.35	3.50	3.55	3.34
新 疆	4.15	52.46	2.26	4.72	1.93	12.69	3.24	3.36	3.03

5-11 各地区2012年11月畜产品及饲料集市价格

单位：元/千克、元/只

地区	仔猪	活猪	猪肉	鸡蛋	商品代蛋雏鸡	商品代肉雏鸡	活鸡	白条鸡	牛肉
全国均价	25.86	14.83	23.76	10.17	3.12	2.78	17.36	17.50	50.23
北京	28.00	14.85	22.85	10.06	2.91	4.27		15.33	46.40
天津	28.63	15.01	25.20	9.10	2.74	2.79	9.11	14.54	44.38
河北	22.27	14.30	22.96	8.98	2.74	2.81	12.04	14.74	45.47
山西	30.34	14.42	22.65	9.16	3.26	3.48	11.82	15.47	42.08
内蒙古	34.68	15.89	23.67	10.27	4.59	4.60	17.29	16.36	47.09
辽宁	35.77	14.65	23.71	8.82	2.50	2.04	24.49	15.29	50.26
吉林	33.00	14.57	21.90	8.85	2.78	2.14	15.57	13.84	49.73
黑龙江	30.90	14.39	22.31	9.04	2.77	3.11	11.52	13.69	49.62
上海	24.91	14.92	26.86	10.17	2.93	2.21	17.07	19.78	58.25
江苏	15.28	13.69	22.57	9.09	2.78	2.33	16.50	14.65	50.42
浙江	19.34	14.71	24.00	10.23	3.16	2.53	16.25	17.83	53.52
安徽	20.33	15.01	23.65	9.48	3.05	2.31	15.42	15.77	48.80
福建	27.68	14.29	21.30	10.46	3.32	1.87	16.48	19.56	59.72
江西	26.12	14.69	23.59	10.73	2.69	2.37	20.13	16.29	59.61
山东	17.85	14.40	23.36	8.63	2.58	1.95	9.67	15.24	46.03
河南	27.05	14.40	23.11	8.73	2.70	2.45	12.35	13.55	47.19
湖北	29.10	14.58	25.16	9.77	3.37	3.01	18.20	16.79	52.09
湖南	27.15	14.81	23.83	11.33	3.23	2.98	24.29	20.36	53.62
广东	26.03	14.57	22.11	11.05	2.79	2.40	21.51	24.91	61.26
广西	18.32	13.81	22.34	12.36	2.49	1.34	21.51	25.44	56.79
海南	20.80	14.34	25.35	12.92	3.43	2.62	22.98	24.93	64.35
重庆	19.12	15.26	23.26	11.09	2.66	2.54	18.64	15.74	49.74
四川	19.51	15.13	24.49	11.87	4.18	3.64	24.54	20.97	47.92
贵州	20.46	15.51	25.18	12.88	4.27	4.19	18.12	19.51	52.12
云南	25.55	15.51	25.25	10.94	3.74	3.76	17.30	18.80	48.90
西藏									
陕西	28.78	14.25	23.86	9.08	3.17	2.96	13.92	15.98	44.75
甘肃	34.29	15.90	25.18	9.86	4.28	4.04	17.92	20.26	46.28
青海	36.69	15.68	24.00	10.60	2.00		20.28	21.00	45.70
宁夏	32.04	15.63	25.55	10.08	2.90	2.97	17.13	17.58	50.04
新疆	36.83	17.89	27.61	10.00	3.71	3.32	17.13	18.95	45.31

5-11 续表

单位：元/千克、元/只

地　区	生鲜乳	羊肉	玉米	豆粕	小麦麸	进口鱼粉	育肥猪配合饲料	肉鸡配合饲料	蛋鸡配合饲料
全国均价	3.46	55.33	2.43	4.17	1.94	11.48	3.24	3.34	3.06
北　京	3.48	56.70	2.18	3.84	1.68	13.06	2.95	3.59	2.73
天　津	3.51	58.20	2.22	3.87	1.68	11.23	2.94	3.37	2.78
河　北	3.31	53.20	2.22	4.08	1.71	11.39	3.01	3.36	2.77
山　西	3.44	51.71	2.25	4.19	1.76	9.42	3.10	2.94	2.75
内蒙古	2.95	52.97	2.35	4.08	1.75	9.36	3.74	3.49	3.18
辽　宁	3.37	59.66	2.39	4.02	1.92	10.58	3.10	3.13	2.83
吉　林	3.13	58.33	2.35	4.16	1.92	12.19	3.07	3.10	2.76
黑龙江	2.96	60.12	2.23	4.03	1.92	14.06	2.89	2.95	2.81
上　海	4.26	59.00	2.53	3.94	1.95	12.70	3.61	3.49	3.28
江　苏	3.60	57.72	2.29	3.99	1.81	10.70	3.10	3.45	2.95
浙　江	3.72	53.78	2.54	3.92	1.94	12.04	3.18	3.19	3.00
安　徽	3.51	48.27	2.45	4.11	1.84	10.33	3.00	3.17	2.94
福　建	4.02	67.29	2.62	3.97	2.05	12.12	3.14	3.24	3.16
江　西	4.00	52.41	2.74	4.40	2.21	10.91	3.37	3.39	3.24
山　东	3.28	60.82	2.17	3.93	1.67	10.33	2.97	3.25	2.79
河　南	3.37	52.87	2.19	4.01	1.69	11.39	2.96	3.11	2.75
湖　北	3.79	48.91	2.54	4.21	1.96	11.15	3.10	3.12	2.87
湖　南		49.69	2.62	4.33	2.14	10.45	3.46	3.41	3.37
广　东	4.13	57.88	2.59	4.09	2.15	12.30	3.34	3.58	3.60
广　西	3.91	65.66	2.72	4.38	2.26	12.87	3.52	3.60	3.35
海　南		71.05	2.77	4.27	2.32		3.48	3.46	3.44
重　庆	3.87	50.53	2.57	4.20	2.14	12.31	3.22	3.28	3.05
四　川	3.80	53.13	2.62	4.44	2.13	12.55	3.40	3.44	3.32
贵　州	3.30	59.71	2.58	4.41	2.24	11.42	3.51	3.67	3.58
云　南	3.15	57.93	2.49	4.35	2.30	11.32	3.55	3.67	3.49
西　藏									
陕　西	3.25	53.50	2.18	4.31	1.72	9.19	3.24	3.26	2.99
甘　肃	3.76	48.29	2.55	4.00	1.83	10.88	3.61	3.48	3.39
青　海	3.37	49.00	2.47	4.66	1.84	9.00	3.18	3.24	3.09
宁　夏	3.42	48.04	2.26	4.21	1.82	11.89	3.46	3.49	3.25
新　疆	4.18	52.85	2.21	4.59	1.93	13.13	3.28	3.39	3.08

5-12 各地区2012年12月畜产品及饲料集市价格

单位：元/千克、元/只

地 区	仔猪	活猪	猪肉	鸡蛋	商品代蛋雏鸡	商品代肉雏鸡	活鸡	白条鸡	牛肉
全国均价	26.06	15.83	24.82	10.54	3.17	2.87	17.68	17.70	52.29
北 京	27.75	16.27	25.01	10.13	3.13	4.33		15.48	48.60
天 津	30.63	16.32	26.75	9.52	2.87	2.75	9.20	14.60	45.23
河 北	21.96	15.75	24.72	9.50	2.80	2.79	12.10	14.85	47.73
山 西	30.70	15.64	24.17	9.58	3.33	3.80	12.07	15.72	45.17
内蒙古	35.16	16.73	25.65	10.39	4.81	4.82	17.51	16.43	50.18
辽 宁	37.46	16.22	25.60	9.27	2.61	2.56	25.11	15.60	52.54
吉 林	32.48	16.54	24.22	9.33	2.62	2.39	16.16	14.16	51.14
黑龙江	31.08	15.93	24.18	9.22	2.74	3.06	11.81	14.05	51.36
上 海	26.17	16.24	27.78	10.83	2.80	2.09	16.34	19.12	59.00
江 苏	16.01	14.98	23.56	9.57	2.89	2.37	16.74	15.20	53.56
浙 江	19.70	15.89	25.00	10.36	3.18	2.57	16.47	18.05	56.30
安 徽	21.03	16.02	24.62	10.01	3.01	2.06	15.48	15.64	52.22
福 建	29.23	15.48	22.02	10.99	3.39	1.90	16.81	19.91	60.44
江 西	25.98	15.76	24.53	11.03	2.57	2.41	20.44	16.73	62.31
山 东	18.35	15.76	24.92	9.15	2.67	2.25	10.05	15.19	49.59
河 南	27.75	15.82	24.40	9.30	2.74	2.56	12.32	13.64	48.54
湖 北	28.25	15.55	25.69	10.27	3.43	3.12	18.80	17.07	55.41
湖 南	29.18	15.93	24.90	11.73	3.32	3.04	24.47	20.39	56.45
广 东	26.51	15.33	22.54	11.45	2.70	2.28	22.06	25.35	63.15
广 西	18.53	14.50	23.02	12.66	2.69	1.40	22.40	25.67	58.22
海 南	20.83	15.12	26.00	13.36	4.13	2.75	23.43	25.40	66.45
重 庆	18.93	15.70	24.17	11.46	2.82	2.70	18.91	15.89	50.98
四 川	19.09	15.86	25.42	12.24	4.34	3.81	25.08	21.00	50.14
贵 州	19.41	15.85	25.48	13.11	4.23	4.23	18.48	20.03	53.20
云 南	25.72	15.62	25.44	11.20	3.79	3.75	17.82	19.21	50.33
西 藏									
陕 西	27.40	15.36	24.76	9.49	3.25	3.10	14.24	16.22	45.63
甘 肃	33.26	15.87	25.46	10.10	4.25	4.09	18.07	20.47	47.16
青 海	37.60	16.43	24.86	10.81	2.00		20.68	21.59	49.30
宁 夏	32.27	15.91	25.87	10.11	2.87	2.86	17.03	17.25	50.25
新 疆	37.31	18.21	28.09	9.99	3.74	3.26	17.16	19.20	46.57

5-12 续表

单位：元/千克、元/只

地区	生鲜乳	羊肉	玉米	豆粕	小麦麸	进口鱼粉	育肥猪配合饲料	肉鸡配合饲料	蛋鸡配合饲料
全国均价	3.50	57.05	2.42	4.18	1.96	11.73	3.24	3.34	3.06
北京	3.51	58.00	2.19	3.96	1.71	13.31	3.01	3.62	2.77
天津	3.60	58.83	2.22	3.93	1.69	11.38	2.94	3.34	2.79
河北	3.34	54.58	2.22	4.11	1.71	11.63	3.01	3.34	2.77
山西	3.49	53.20	2.20	4.18	1.77	9.76	3.11	2.95	2.76
内蒙古	2.94	54.37	2.35	4.09	1.77	9.38	3.78	3.49	3.19
辽宁	3.38	61.07	2.39	4.12	1.93	10.79	3.14	3.16	2.85
吉林	3.18	59.45	2.32	4.12	1.95	12.63	3.06	3.07	2.74
黑龙江	2.99	61.08	2.18	4.01	1.91	14.14	2.87	2.91	2.80
上海	4.34	60.31	2.56	3.92	1.99	13.71	3.72	3.57	3.23
江苏	3.63	59.07	2.32	4.03	1.84	11.14	3.12	3.47	2.97
浙江	3.74	55.05	2.54	3.99	1.97	12.59	3.18	3.19	3.01
安徽	3.52	50.95	2.44	4.14	1.89	10.57	3.01	3.17	2.95
福建	4.04	68.20	2.63	4.07	2.12	12.27	3.16	3.26	3.17
江西	4.09	54.77	2.74	4.36	2.21	10.96	3.37	3.39	3.24
山东	3.35	62.91	2.19	4.01	1.70	10.55	3.01	3.29	2.82
河南	3.41	54.13	2.21	4.11	1.73	11.66	2.97	3.14	2.75
湖北	3.87	52.47	2.52	4.23	1.98	11.17	3.10	3.13	2.91
湖南		52.87	2.61	4.26	2.14	10.48	3.45	3.41	3.35
广东	4.12	60.29	2.61	4.07	2.19	12.70	3.37	3.61	3.62
广西	4.00	67.55	2.70	4.36	2.26	13.12	3.50	3.59	3.36
海南		72.30	2.76	4.28	2.34		3.50	3.49	3.46
重庆	3.86	53.57	2.55	4.20	2.17	12.69	3.23	3.29	3.06
四川	3.86	56.38	2.60	4.38	2.14	13.06	3.39	3.42	3.32
贵州	3.32	62.07	2.56	4.43	2.24	11.71	3.53	3.68	3.58
云南	3.16	59.58	2.44	4.34	2.25	11.56	3.53	3.67	3.49
西藏									
陕西	3.27	54.39	2.18	4.25	1.74	9.19	3.26	3.29	3.01
甘肃	3.83	49.21	2.42	3.96	1.85	10.91	3.52	3.44	3.31
青海	3.40	49.45	2.39	4.51	1.85		3.15	3.25	3.08
宁夏	3.60	48.67	2.15	4.16	1.78	12.04	3.32	3.36	3.14
新疆	4.22	53.13	2.23	4.61	1.96	13.28	3.31	3.42	3.12

六、畜产品进出口统计

6-1 畜产品进出口分类别情况

单位：万美元、%

类 别	进出口贸易总额			进口金额	
	总额	占贸易总额比重	比上年增减	贸易额	占进口总额比重
生猪产品	370 832.83	17.37	11.73	247 611.51	16.60
乳品	329 819.03	15.45	22.15	321 583.08	21.56
动物生皮	302 239.74	14.16	8.34	301 349.88	20.21
动物毛	293 150.24	13.73	−7.59	271 856.23	18.23
禽产品	289 779.17	13.57	7.34	100 801.27	6.76
牛产品	89 469.07	4.19	41.05	65 686.82	4.40
动物生毛皮	63 879.26	2.99	32.99	63 607.26	4.27
羊产品	46 507.32	2.18	41.68	42 151.60	2.83
蛋产品	17 778.84	0.83	1.80	66.85	0.00
兔产品	4 004.81	0.19	16.10	100.30	0.01
马、驴、骡	2 436.34	0.11	23.30	2 308.19	0.15
其他畜产品	325 116.54	15.23	7.11	74 143.88	4.97
畜产品合计	2 135 013.20	100.00	10.12	1 491 266.86	100.00

6-1 续表

单位：万美元、%

类　别		出口金额		
	比上年增减	贸易额	占出口总额比重	比上年增减
生猪产品	15.86	123 221.32	19.14	4.25
乳品	22.71	8 235.96	1.28	3.42
动物生皮	8.33	889.86	0.14	14.66
动物毛	−7.14	21 294.01	3.31	−12.98
禽产品	7.54	188 977.90	29.36	7.24
牛产品	75.37	23 782.25	3.69	−8.45
动物生毛皮	32.99	271.99	0.04	34.24
羊产品	53.80	4 355.73	0.68	−19.60
蛋产品	−44.48	17 711.99	2.75	2.12
兔产品		3 904.52	0.61	13.20
马、驴、骡	17.96	128.16	0.02	566.13
其他畜产品	−11.90	250 972.65	38.99	14.40
畜产品合计	11.34	643 746.34	100.00	7.39

6-2 畜产品进出口额

单位：亿美元

年份	进口额	出口额	贸易总额
1995	14.79	28.24	43.02
1996	14.14	28.56	42.70
1997	13.76	27.38	41.15
1998	13.31	24.55	37.88
1999	18.51	22.45	40.97
2000	26.53	25.88	52.43
2001	27.86	26.67	54.54
2002	28.77	25.69	54.47
2003	33.45	27.09	60.55
2004	40.29	31.88	72.18
2005	42.31	36.02	78.34
2006	45.56	37.25	82.82
2007	64.70	40.46	105.18
2008	77.27	44.12	121.40
2009	65.98	39.12	105.11
2010	96.60	47.45	144.07
2011	133.94	59.94	193.88
2012	149.13	64.37	213.50

6-3 畜产品进口主要国家（地区）

单位：万美元、%

国家（地区）	进口金额	占进口总额的比重	比上年增减
澳大利亚	333 020.52	22.33	-4.08
美国	320 037.18	21.46	7.02
新西兰	301 514.62	20.22	24.59
丹麦	65 110.66	4.37	30.15
巴西	60 028.46	4.03	-1.09
加拿大	53 618.87	3.60	18.51
德国	53 432.12	3.58	87.61
法国	46 106.64	3.09	12.58
西班牙	34 815.18	2.33	13.52
乌拉圭	30 382.10	2.04	40.49
其他国家（地区）	193 200.52	12.96	13.50
合计	1 491 266.86	100.00	11.34

6-4 畜产品出口主要国家（地区）

单位：万美元、%

国家（地区）	出口额	占出口总额的比重	比上年增减
日本	190 704.18	29.62	10.72
中国香港	165 503.00	25.71	1.97
德国	37 205.26	5.78	−7.94
美国	32 043.11	4.98	0.51
中国台湾	29 693.58	4.61	80.62
荷兰	18 001.95	2.80	−7.36
韩国	16 533.68	2.57	9.03
英国	11 924.40	1.85	27.50
中国澳门	11 894.76	1.85	11.26
马来西亚	10 995.87	1.71	−14.10
其他国家（地区）	119 246.54	18.52	9.70
合计	643 746.34	100.00	26.33

6-5 主要畜产品出口量值表

商品编码	商品名称	出口数量（吨）	出口数量比同期（%）	出口金额（万美元）	出口金额比同期（%）
01012100	改良种用马	7.20		0.90	
01012900	其他马，改良种用除外	21.90		102.38	
01013090	其他驴，改良种用除外	56.46		24.88	
01022100	改良种用家牛	0.00		0.00	
01022900	其他家牛，改良种用除外	25.00		7.90	
01023100	改良种用水牛	0.00		0.00	
01029010	改良种用其他牛	0.00		0.00	
01029090	其他牛，改良种用除外	16 095.48		5 728.63	
01031000	改良种用猪	84.87	−29.72	49.51	−32.18
01039120	猪，10 千克≤重量<50 千克，改良种用除外	994.32	15.40	415.95	16.65
01039200	猪，改良种用除外，重量≥50 千克	166 848.24	7.31	45 640.43	1.77
01041010	改良种用绵羊	0.00		0.00	
01041090	其他绵羊，改良种用除外	11.80	−21.72	8.24	40.43
01042010	改良种用山羊	0.00		0.00	
01042090	其他山羊，改良种用除外	328.66	−34.28	96.50	−7.89
01051110	种鸡，重量≤185 克	0.00		0.00	
01051190	其他鸡，重量≤185 克	78.54	−4.50	65.69	9.38
01051310	改良种用鸭，重量≤185 克	0.00		0.00	
01059490	其他鸡，改良种用除外	11 061.99	7.91	3 027.96	8.05
01061110	改良种用灵长目动物	0.02		2.38	
01061190	其他灵长目动物，改良种用除外	41.54		2 292.46	
01061410	改良种用家兔及野兔	0.00		0.00	
01061490	其他家兔及野兔，改良种用除外	0.01		0.02	
01061910	其他改良种用哺乳动物	0.14		0.20	
01061990	其他未列名哺乳动物，改良种用除外	34.37		222.50	

6-5 续表1

商品编码	商品名称	出口数量（吨）	出口数量比同期（%）	出口金额（万美元）	出口金额比同期（%）
01063210	改良种用鹦形目鸟	0.00		0.00	
01063290	其他鹦形目鸟，改良种用除外	0.00		0.00	
01063910	其他改良种用鸟	0.00		0.00	
01063921	食用乳鸽	548.04		282.48	
01063929	其他食用鸟	160.38		17.86	
01063990	未列名鸟	0.00		0.00	
01064190	其他蜂，改良种用除外	0.00		0.00	
01064990	其他昆虫，改良种用除外	11.40		0.44	
01069090	其他活动物，改良种用除外	45.26		45.19	
02012000	鲜、冷带骨牛肉	0.00		0.00	
02013000	鲜、冷去骨牛肉	2 207.99	−57.89	1 457.31	−46.71
02022000	冻带骨牛肉	0.00	−100.00	0.00	−100.00
02023000	冻去骨牛肉	9 992.30	−40.04	6 602.92	−28.17
02031200	鲜、冷带骨猪前腿、猪后腿及其肉块	0.00	−100.00	0.00	−100.00
02031900	其他鲜、冷猪肉	13 226.85	−22.02	5 491.80	−21.28
02032110	冻整头及半头乳猪肉	863.51	−42.16	812.27	−19.59
02032190	其他冻整头及半头猪肉	5 736.35	−23.29	2 762.00	−14.21
02032200	冻带骨猪前腿、猪后腿及其肉块	0.00	−100.00	0.00	−100.00
02032900	其他冻猪肉	46 416.43	−15.12	20 437.75	−4.36
02041000	鲜、冷整头及半头羔羊肉	0.00		0.00	
02042200	鲜、冷带骨绵羊肉	0.00		0.00	
02042300	鲜、冷去骨绵羊肉	0.00		0.00	
02043000	冻整头及半头羔羊肉	0.00		0.00	
02044100	冻整头及半头绵羊肉	0.05	−99.73	0.04	−99.54
02044200	冻带骨绵羊肉	387.42	−33.55	399.81	−11.32
02044300	冻去骨绵羊肉	1 768.39	−39.09	1 365.17	−26.30
02045000	山羊肉	2 887.51	−37.50	2 485.97	−17.01
02050000	鲜、冻、冻马、驴、骡肉	0.00	−100.00	0.00	−100.00
02062100	冻牛舌	6.98	−81.76	4.12	−72.86
02062200	冻牛肝	275.95	60.05	36.70	70.01
02062900	其他冻牛杂碎	132.54	−12.62	18.98	−3.48

6-5 续表 2

商品编码	商品名称	出口数量（吨）	出口数量比同期（%）	出口金额（万美元）	出口金额比同期（%）
02064100	冻猪肝	0.00		0.00	
02064900	其他冻猪杂碎	429.84	271.12	95.95	714.24
02069000	其他冻杂碎（牛、猪杂碎除外）	0.00		0.00	
02071100	整只鸡，鲜或冷的	57 339.54	−2.91	16 619.80	1.71
02071200	整只鸡，冻的	3 445.38	−17.12	941.33	−13.85
02071311	鲜或冷的带骨鸡块	61.75	−9.55	46.17	−13.18
02071411	冻的带骨鸡块	5 316.11	10.71	1 293.16	23.47
02071419	其他冻鸡块	80 798.68	−18.37	19 878.03	−18.78
02071421	冻的鸡翼（不包括翼尖）	64.29	−80.36	31.26	−60.14
02071422	冻鸡爪	0.00	−100.00	0.00	−100.00
02071429	其他冻鸡杂碎	275.35	−30.29	35.81	−36.10
02072500	整只火鸡，冻的	0.00		0.00	
02072700	火鸡块及杂碎，冻的	0.00		0.00	
02074100	鲜或冷的整只鸭	21 884.82		5 061.97	
02074200	整只冻鸭	4 568.18		903.19	
02074400	鲜或冷的鸭块及杂碎	1.31		0.59	
02074500	冻的鸭块及杂碎	8 305.26		1 819.80	
02075100	鲜或冷的整只鹅	11 869.08		3 579.99	
02075200	整只冻鹅	50.61		18.70	
02075500	冻的鹅块及杂碎	1.32		0.60	
02081010	鲜、冷兔肉，不包括兔头	24.00		8.02	
02081020	冻兔肉，不包括兔头	10 872.26	21.89	3 894.47	13.17
02081090	鲜、冷、冻野兔肉；兔及野兔的食用杂碎	18.67	−75.44	2.02	−75.44
02089010	鲜、冷、冻乳鸽肉及食用杂碎	3 301.01	1.02	1 292.92	4.49
02089090	其他鲜、冷、冻肉及食用杂碎	70.82	−14.67	33.25	−26.51
02091000	未炼制或用其他方法提取的不带瘦肉的肥猪肉、猪脂肪，鲜、冷、冻、干、熏、盐腌或盐渍	30.00		4.57	
02099000	未炼制或用其他方法提取的不带瘦肉的家禽脂肪，鲜、冷、冻、干、熏、盐腌或盐渍的	2.00		0.26	

6－5 续表3

商品编码	商品名称	出口数量（吨）	出口数量比同期（%）	出口金额（万美元）	出口金额比同期（%）
02101110	干、熏、盐腌或盐渍带骨猪腿	43.04	124.15	40.76	433.47
02101190	干、熏、盐腌或盐渍带骨猪肉块	1.47		5.74	
02101200	干、熏、盐腌或盐渍猪腹肉（五花肉）	271.18	−11.34	107.57	7.35
02101900	其他干、熏、盐腌或盐渍猪肉	231.35	69.79	214.15	76.84
02102000	干、熏、盐腌或盐渍牛肉	108.95		46.78	
02109900	其他干、熏、盐腌或盐渍肉及食用杂碎，包括可供食用的肉或杂碎的细粉、粗粉	400.61	−7.69	214.52	2.16
04011000	未浓缩未加糖的乳及奶油，含脂量＜1%	2.17		0.09	
04012000	未浓缩未加糖的乳及奶油，1%＜含脂量≤6%	27 243.12	11.01	2 299.86	24.73
04014000	未浓缩及未加糖或其他甜物质的乳及奶油，含脂量超过6%，但不超过10%	0.04		0.01	
04015000	未浓缩及未加糖或其他甜物质的乳及奶油，含脂量超过10%	30.00		12.53	
04021000	固态乳及奶油，含脂量≤1.5%	345.14	73.19	166.21	82.54
04022100	未加糖的固态乳及奶油，含脂量＞1.5%	5 998.52	−8.58	2 075.86	−12.05
04022900	其他固态乳及奶油，含量＞1.5%	3 358.92	30.89	1 741.56	38.25
04029100	其他浓缩，未加糖的乳及奶油	1 130.16	17.28	181.62	11.47
04029900	其他浓缩的乳及奶油	2 593.08	19.69	538.46	23.39
04031000	酸乳	198.81	−28.50	23.36	3.98
04039000	酪乳、结块或其他发酵或酸化的乳和奶油	327.13	−42.88	26.34	−53.54
04041000	乳青及改性乳清	0.00	−100.00	0.00	−100.00
04049000	其他含天然的产品	701.79	−21.05	143.12	16.87
04051000	黄油	2 550.02	−21.79	792.85	−30.98
04052000	乳酱	0.00	−100.00	0.00	−100.00
04059000	其他	17.00	−82.65	8.16	−81.38
04061000	鲜乳酪（未熟化或未固化的）、凝乳	0.00	−100.00	0.00	−100.00
04062000	各种磨碎或粉化的乳酪	37.52	−41.81	38.87	1.54
04063000	经加工的乳酪（但抹碎或粉化的除外）	355.43	123.26	180.35	132.16
04064000	蓝纹乳酪	0.00		0.00	

6-5 续表 4

商品编码	商品名称	出口数量（吨）	出口数量比同期（%）	出口金额（万美元）	出口金额比同期（%）
04069000	未列名的乳酪	7.24	−33.42	6.70	−25.22
04071100	孵化用受精鸡蛋	30.11		51.58	
04071900	其他孵化用受精禽蛋	0.29		0.58	
04072100	鲜鸡蛋	74 215.12		11 146.85	
04072900	其他鲜蛋	15.43		3.73	
04079010	咸蛋	15 136.96		2 827.52	
04079020	皮蛋	7 412.98		1 521.74	
04079090	未列名腌制或煮过的带壳禽蛋	20.67		6.49	
04081100	干蛋黄	347.45	8.56	271.37	25.67
04081900	其他蛋黄	303.51	72.82	133.19	94.33
04089100	干去壳禽蛋	1 390.98	88.42	841.11	82.53
04089900	其他去壳禽蛋	3 617.46	5.45	907.82	12.15
04090000	天然蜂蜜	110 158.39	10.28	21 505.58	6.74
04100010	燕窝	0.00	−100.00	0.00	−100.00
04100041	鲜蜂王浆	682.40	11.11	1 985.02	40.56
04100042	鲜蜂王浆粉	256.16	26.64	2 400.80	67.72
04100043	(2006 及后）蜂花粉	1 601.13	−10.41	800.67	−10.55
04100049	(2006 及后）其他蜂产品	183.13	12.57	499.30	33.44
04100090	未列名食用动物产品	205.61	−25.11	256.12	−11.40
05021010	猪鬃	6 747.15	−16.84	8 348.93	−18.26
05021020	猪毛	374.20	−25.37	50.74	−23.90
05029011	制刷用山羊毛	230.75	40.37	1 996.05	87.55
05029019	未列名制刷用兽毛	28.63	7.93	869.13	38.22
05040011	盐渍猪肠衣（猪大肠头除外）	66 856.46	−2.40	52 789.07	−3.84
05040012	盐渍绵羊肠衣	15 092.68	−10.12	52 978.43	3.79
05040013	盐渍山羊肠衣	523.83	−34.11	3 075.98	−18.77
05040019	其他动物肠衣	354.39	−8.48	875.57	68.73
05040021	冷、冻的鸡胗（即鸡胃）	0.00		0.00	

6-5 续表 5

商品编码	商品名称	出口数量（吨）	出口数量比同期（%）	出口金额（万美元）	出口金额比同期（%）
05040029	其他动物的胃（鱼除外），整个或切块的	338.97	1 141.83	91.62	202.39
05040090	其他动物肠、膀胱及胃（鱼除外），整个或切块的	480.30	-32.26	181.06	-34.58
05051000	填充用羽毛：羽绒	35 810.18	9.18	75 434.10	36.59
05059010	羽毛或不完整羽毛的粉末及废料	3 718.10	6 096.83	123.16	3 107.27
05059090	其他羽毛：带有羽毛或绒的鸟皮及鸟其他部分	447.46	57.29	562.41	92.86
05069019	其他骨粉及骨废料	0.03	-87.56	0.07	-81.10
05069090	其他未经加工或经脱脂、简单整理的骨及角柱	120.94	-53.84	10.30	-55.48
05071000	兽牙：兽牙粉末及废料	0.00		0.00	
05079020	鹿茸及其粉末	70.34	-10.25	826.20	2.75
05079090	龟壳、鲸须、其他兽角、蹄、甲爪及喙	7.28	-17.74	31.42	70.36
05100010	黄药	0.00		0.00	
05100040	斑蝥	0.70	-22.22	6.13	-24.23
05100090	胆汁：配药用腺体及其他动物产品	73.74	-7.42	234.12	58.61
05111000	牛的精液	0.00		0.00	
05119910	动物精液（牛的精液除外）	0.00		0.00	
05119920	动物胚胎	0.00		0.05	52 900.00
05119940	马毛及废马毛，不论是否制成有或无衬垫的毛片	951.51	-3.60	972.50	2.93
05119990	未列名动物产品：不宜食用的第 1 章的死动物*	5 403.74	91.76	2 012.79	114.98
15011000	猪油	0.07		0.03	
15012000	其他猪脂肪，但品目 02.09 及 15.03 的货品除外*	19.76		11.08	
15019000	家禽脂肪，但品目 02.09 及 15.04 的货品除外*	6.04		3.49	
15021000	牛、羊油脂	262.00		47.55	

注：*具体内容参见《中华人民共和国海关统计商品目录》。

6-5 续表6

商品编码	商品名称	出口数量（吨）	出口数量比同期（%）	出口金额（万美元）	出口金额比同期（%）
15029000	其他牛、羊脂肪	129.39		48.53	
15030000	未经制作的猪油硬脂、液体猪油、油硬脂级其他脂油	0.00	−100.00	0.00	−100.00
15050000	羊毛脂及从羊毛脂制得的脂肪物质	12 496.35	0.61	9 117.21	71.68
15060000	未经化学改性的其他动物油脂及其分离品	117.24	29.90	27.30	34.63
16010010	用天然肠衣做外包装的香肠及类似产品	17 176.33	20.33	9 067.11	34.53
16010020	其他香肠及类似产品	18 011.34	4.80	10 212.34	27.75
16010030	用香肠制成的食品	627.95	67.06	278.11	51.60
16021000	均化食品	53.46	−28.10	22.84	−26.99
16022000	制作或保藏的动物肝	918.53	1.17	429.84	7.24
16023100	制作或保藏的火鸡	12.25		2.60	
16023210	鸡罐头	1 932.15	8.01	414.57	14.97
16023291	其他制作或保藏的鸡胸肉	39 317.52	25.96	16 758.56	30.39
16023292	其他制作或保藏的鸡腿肉	148 358.63	3.55	71 059.95	11.74
16023299	其他制作或保藏的鸡肉及食用杂碎	74 472.31	−4.65	32 293.80	0.54
16023910	家禽肉及杂碎罐头	240.93	1.91	55.44	13.71
16023991	未列名制作或保藏的鸭肉及食用杂碎	22 721.35	23.42	13 449.85	29.45
16023999	未列名制作或保藏的家禽肉及食用杂碎	12.39	−28.34	22.08	30.52
16024100	制作或保藏的猪后腿及其肉块	1 349.55	−7.65	1 217.08	4.99
16024200	制作或保藏的猪前腿及其肉块	44.37	−58.21	40.24	−48.62
16024910	猪肉及杂碎罐头	48 096.42	6.63	14 962.03	19.07
16024990	其他制作或保藏的猪肉及杂碎	64 286.98	7.34	30 912.42	17.68

6-5 续表 7

商品编码	商品名称	出口数量（吨）	出口数量比同期（%）	出口金额（万美元）	出口金额比同期（%）
16025010	牛肉及杂碎罐头	2 911.75	6.50	849.18	30.61
16025090	其他制作或保藏的牛肉及杂碎	14 923.12	3.30	9 029.71	11.02
16029010	未列名肉及杂碎罐头	4.06	−95.82	1.30	−92.86
16029090	未列名制作或保藏的肉，食用杂碎及动物血	5 306.44	−8.70	2 215.86	−18.56
23011011	含牛羊成分的肉骨粉	400.00	266.97	13.77	89.68
23011019	其他动物的肉骨粉	0.00		0.00	
23011020	油渣	0.00		0.00	
23011090	其他非食用肉、杂碎的渣粉及团粒	0.00	−100.00	0.00	−100.00
41012019	其他未剖层的整张牛皮，简单干燥的不超过 8 千克，干盐腌的不超过 10 千克，鲜的、湿盐腌	0.00	−100.00	0.00	−100.00
41012020	未剖层的整张马皮，简单干燥的不超过 8 千克，干盐腌的不超过 10 千克，鲜的、湿盐腌的或	0.00		0.00	
41015019	其他超过 16 千克的整张牛皮	0.00		0.00	
41015020	其他超过 16 千克的整张马皮	0.00		0.00	
41019011	其他经逆鞣处理的牛皮	3 108.78	80.74	122.80	84.16
41019019	其他牛皮	4 594.10	−4.94	715.63	21.28
41019020	其他生马皮	0.00		0.00	
41021000	带毛的绵羊或羔羊生皮	0.00		0.00	
41022190	其他浸酸的不带毛的绵羊或羔羊生皮	0.00	−100.00	0.00	−100.00
41032000	爬行动物皮	5.40	−20.01	13.87	177.33
41033000	猪皮	0.00		0.00	
41039019	其他山羊板皮	0.00		0.00	

6-5 续表 8

商品编码	商 品 名 称	出口数量（吨）	出口数量比同期（%）	出口金额（万美元）	出口金额比同期（%）
41039029	其他山羊或小山羊皮	14.95	43.61	37.57	−4.53
41039090	其他生皮	0.00		0.00	
43011000	整张水貂皮，不论是否带头、尾或爪	0.00		0.00	
43013000	阿斯特拉罕等羔羊的整张毛皮	0.00		0.00	
43016000	整张狐皮，不论是否带头、尾或爪	0.00		0.00	
43018010	整张兔皮	0.00		0.00	
43018090	其他整张毛皮	194.04	36.64	271.99	34.24
43019090	其他适合加工皮货用的头、尾、爪等块、片	0.00		0.00	
51011100	未梳含脂剪羊毛	0.00	−100.00	0.00	−100.00
51011900	其他未梳脂羊毛，未碳化	0.00		0.00	
51012100	未梳脱脂羊毛，未碳化	6 266.30	−17.08	1 547.25	−4.64
51012900	其他未梳脱脂羊毛，未碳化	759.20	64.11	241.10	31.73
51013000	未梳碳化羊毛	5 888.49	−26.74	4 926.10	−23.71
51021100	未梳克什米尔山羊绒毛	2.60	1 200.00	27.47	1 965.48
51021920	未梳山羊绒	57.02	34.96	348.03	74.06
51021930	未梳骆驼毛，骆驼绒	12.33	−2.10	11.71	0.05
51021990	其他未梳动物细毛	0.23	−95.78	0.34	−92.71
51022000	未梳动物粗毛	0.57		0.28	
51031010	羊毛落毛	3 099.80	−42.37	1 905.74	−36.25
51032010	羊毛废料	34.78	4.45	48.66	−6.44

七、2011 年世界畜产品生产情况

7-1 肉类总产量及排名

位次	国家（地区）	肉类总产量（吨）
	世界	297 221 758
1	**中国**	**80 970 627**
2	美国	42 462 656
3	巴西	23 890 325
4	德国	8 359 182
5	俄罗斯	7 566 470
6	印度	6 228 420
7	墨西哥	6 000 644
8	法国	5 694 976
9	西班牙	5 530 072
10	阿根廷	4 555 430
11	加拿大	4 374 055
12	意大利	4 177 932
13	越南	4 138 055
14	澳大利亚	4 071 666
15	波兰	3 644 060
16	英国	3 600 480
17	日本	3 158 276
18	印度尼西亚	2 984 550
19	南非	2 854 600
20	菲律宾	2 827 093

7－2 猪肉生产及排名

位次	国家（地区）	屠宰数（头）	国家（地区）	胴体重（千克/头）	国家（地区）	产量（吨）
	世界	1 382 584 355	世界	80	世界	110 011 930
1	**中国**	**672 344 610**	波多黎各（美）	163	**中国**	**51 534 651**
2	美国	110 957 000	泰国	142	美国	10 330 700
3	德国	59 735 700	意大利	122	德国	5 616 070
4	越南	44 270 000	南非	122	西班牙	3 469 350
5	西班牙	41 743 400	以色列	104	巴西	3 227 000
6	巴西	34 862 000	智利	100	越南	3 098 900
7	俄罗斯	29 055 100	黑山	100	俄罗斯	2 427 640
8	法国	24 803 200	马其顿	98	法国	2 157 410
9	菲律宾	24 332 800	奥地利	97	加拿大	1 953 550
10	波兰	22 055 900	巴巴多斯	95	波兰	1 935 300
11	加拿大	21 269 500	比利时	94	丹麦	1 720 200
12	丹麦	20 898 500	德国	94	菲律宾	1 649 300
13	日本	16 387 800	厄瓜多尔	94	意大利	1 601 880
14	墨西哥	15 927 100	美国	93	荷兰	1 347 170
15	荷兰	14 593 700	斯洛文尼亚	93	日本	1 266 750
16	印度尼西亚	13 110 000	匈牙利	93	墨西哥	1 202 000
17	意大利	13 097 500	巴西	93	比利时	1 108 260
18	比利时	11 765 000	荷兰	92	泰国	867 300
19	韩国	10 818 000	加拿大	92	韩国	837 000
20	英国	10 062 000	留尼汪	91	英国	806 000
50			**中国**	**77**		

7-3 牛肉生产及排名

位次	国家（地区）	屠宰数（头）	国家（地区）	胴体重（千克/头）	国家（地区）	产量（吨）
	世界	293 109 630	世界	213	世界	62 543 382
1	**中国**	**43 160 000**	日本	426	美国	11 988 300
2	巴西	39 100 000	新加坡	375	巴西	9 030 000
3	美国	35 115 000	卢森堡	357	**中国**	**6 182 155**
4	阿根廷	10 857 200	以色列	350	阿根廷	2 419 700
5	印度	10 600 000	美国	341	澳大利亚	2 109 860
6	墨西哥	8 795 470	加拿大	340	墨西哥	1 803 930
7	俄罗斯	8 564 820	爱尔兰	332	俄罗斯	1 625 470
8	澳大利亚	7 941 800	英国	330	法国	1 501 610
9	法国	5 090 200	韩国	328	德国	1 170 380
10	哥伦比亚	4 360 000	奥地利	323	加拿大	1 154 240
11	乌兹别克斯坦	4 239 000	比利时	318	印度	1 086 500
12	新西兰	4 010 240	埃及	315	意大利	1 000 370
13	巴基斯坦	3 910 000	德国	315	哥伦比亚	940 000
14	埃塞俄比亚	3 783 000	瑞典	311	英国	936 000
15	德国	3 719 010	芬兰	306	南非	828 609
16	意大利	3 559 430	塞浦路斯	302	乌兹别克斯坦	763 000
17	加拿大	3 390 900	泰国	301	巴基斯坦	761 000
18	肯尼亚	3 050 000	法国	295	土耳其	644 906
19	南非	2 915 000	捷克	290	新西兰	622 676
20	坦桑尼亚	2 850 000	斯洛文尼亚	286	西班牙	604 113
146			**中国**	**143**		

7-4 水牛肉生产及排名

位次	国家（地区）	屠宰数（头）	国家（地区）	胴体重（千克/头）	国家（地区）	产量（吨）
	世界	24 382 075	世界	144	世界	3 511 608
1	印度	10 890 000	埃及	311	印度	1 502 820
2	巴基斯坦	6 455 000	泰国	253	巴基斯坦	775 000
3	**中国**	**3 094 720**	希腊	239	埃及	395 801
4	埃及	1 271 000	印度尼西亚	229	**中国**	**308 432**
5	尼泊尔	763 000	土耳其	223	尼泊尔	167 868
6	菲律宾	481 300	尼泊尔	220	菲律宾	105 600
7	越南	462 000	菲律宾	219	越南	99 330
8	缅甸	228 000	越南	215	印度尼西亚	37 500
9	老挝	177 000	意大利	188	缅甸	34 322
10	印度尼西亚	164 000	马来西亚	181	泰国	23 235
11	泰国	91 837	文莱	180	老挝	19 470
12	孟加拉	77 000	柬埔寨	160	意大利	10 644
13	柬埔寨	61 200	缅甸	151	柬埔寨	9 792
14	意大利	56 597			孟加拉国	5 960
15	斯里兰卡	42 000	伊朗	150	斯里兰卡	4 746
16	马来西亚	22 000	伊拉克	150	马来西亚	3 991
17	伊朗	20 069	叙利亚	150	伊朗	3 010
18	土耳其	7 255	保加利亚	146	土耳其	1 615
19	伊拉克	6 000	印度	138	伊拉克	900
20	东帝汶	5 600	巴基斯坦	120	叙利亚	620
24			**中国**	**100**		

7-5 山羊肉生产及排名

位次	国家（地区）	屠宰数（只）	国家（地区）	胴体重（千克/只）	国家（地区）	产量（吨）
	世界	410 555 408	世界	13	世界	5 114 494
1	**中国**	**134 891 482**	厄瓜多尔	31	**中国**	**1 889 612**
2	印度	59 660 000	叙利亚	29	印度	596 600
3	孟加拉国	28 000 000	澳大利亚	25	尼日利亚	292 100
4	尼日利亚	23 000 000	阿曼	25	巴基斯坦	285 000
5	巴基斯坦	16 800 000	牙买加	22	孟加拉国	196 000
6	伊朗	10 143 000	巴勒斯坦	22	伊朗	142 000
7	埃塞俄比亚	8 000 000	伊拉克	21	马里	74 200
8	印度尼西亚	7 070 000	德国	21	印度尼西亚	70 700
9	马里	5 300 000	埃及	21	埃塞俄比亚	68 000
10	尼日尔	5 250 000	斯里兰卡	20	尼日尔	63 000
11	希腊	5 126 000	乌克兰	20	希腊	54 350
12	尼泊尔	4 850 000	塞浦路斯	19	埃及	53 518
13	肯尼亚	4 300 000	中非	19	尼泊尔	52 809
14	布基纳法索	4 169 000	智利	18	菲律宾	50 800
15	也门	3 700 000	克罗地亚	18	蒙古	48 228
16	阿富汗	3 500 000	黎巴嫩	18	肯尼亚	47 200
17	蒙古	3 182 770	俄罗斯	18	阿富汗	45 500
18	菲律宾	3 178 960	斯威士兰	18	墨西哥	43 839
19	缅甸	3 150 000	吉尔吉斯斯坦	18	土耳其	41 600
20	索马里	3 000 000	墨西哥	18	索马里	39 000
58			**中国**	**14**		

7－6 绵羊肉生产及排名

位次	国家（地区）	屠宰数（只）	国家（地区）	胴体重（千克/只）	国家（地区）	产量（吨）
	世界	410 555 408	世界	13	世界	5 114 494
1	**中国**	**134 891 482**	厄瓜多尔	31	**中国**	**1 889 612**
2	印度	59 660 000	叙利亚	29	印度	596 600
3	孟加拉国	28 000 000	澳大利亚	25	尼日利亚	292 100
4	尼日利亚	23 000 000	阿曼	25	巴基斯坦	285 000
5	巴基斯坦	16 800 000	牙买加	22	孟加拉国	196 000
6	伊朗	10 143 000			伊朗	142 000
7	埃塞俄比亚	8 000 000	伊拉克	21	马里	74 200
8	印度尼西亚	7 070 000	德国	21	印度尼西亚	70 700
9	马里	5 300 000	埃及	21	埃塞俄比亚	68 000
10	尼日尔	5 250 000	斯里兰卡	20	尼日尔	63 000
11	希腊	5 126 000	乌克兰	20	希腊	54 350
12	尼泊尔	4 850 000	塞浦路斯	19	埃及	53 518
13	肯尼亚	4 300 000	中非	19	尼泊尔	52 809
14	布基纳法索	4 169 000	智利	18	菲律宾	50 800
15	也门	3 700 000	克罗地亚	18	蒙古	48 228
16	阿富汗	3 500 000	黎巴嫩	18	肯尼亚	47 200
17	蒙古	3 182 770	俄罗斯	18	阿富汗	45 500
18	菲律宾	3 178 960	斯威士兰	18	墨西哥	43 839
19	缅甸	3 150 000	吉尔吉斯斯坦	18	土耳其	41 600
20	索马里	3 000 000	墨西哥	18	索马里	39 000
58			**中国**	**14**		

7-7 鸡肉生产及排名

位次	国家（地区）	屠宰数（1000只）	国家（地区）	胴体重（千克/只）	国家（地区）	产量（吨）
	世界	57 468 865	世界	1.56	世界	89 362 962
1	美国	8 683 070	阿根廷	2.43	美国	17 110 400
2	**中国**	**8 528 620**	厄瓜多尔	2.20	**中国**	**12 081 962**
3	巴西	5 102 000	智利	2.20	巴西	11 000 000
4	印度尼西亚	2 300 000	巴西	2.16	俄罗斯	2 909 430
5	印度	1 920 000	塞浦路斯	2.03	墨西哥	2 765 020
6	俄罗斯	1 841 840	秘鲁	2.02	印度	2 206 000
7	墨西哥	1 593 530	塞尔维亚	2.01	伊朗	1 686 000
8	伊朗	1 405 000	尼加拉瓜	2.00	阿根廷	1 649 000
9	南非	1 053 600	新加坡	2.00	印度尼西亚	1 613 600
10	泰国	1 000 000	美国	1.97	土耳其	1 613 310
11	土耳其	963 245	委内瑞拉	1.96	南非	1 485 610
12	缅甸	923 500	日本	1.94	日本	1 382 000
13	英国	899 000	西班牙	1.89	英国	1 354 000
14	法国	838 000	乌克兰	1.88	马来西亚	1 315 000
15	菲律宾	822 180	澳大利亚	1.85	泰国	1 257 600
16	马来西亚	771 000	匈牙利	1.81	西班牙	1 205 750
17	韩国	750 000	哥伦比亚	1.80	波兰	1 150 000
18	日本	714 061	新西兰	1.79	法国	1 112 140
19	波兰	700 995	芬兰	1.77	哥伦比亚	1 086 000
20	阿根廷	679 078	苏里南	1.76	秘鲁	1 084 820
61			中国	**1.42**		

7-8 火鸡肉生产及排名

位次	国家（地区）	屠宰数（1000只）	国家（地区）	胴体重（千克/只）	国家（地区）	产量（吨）
	世界	656 821	世界	8.33	世界	5 473 963
1	美国	246 844	**中国**	**13.89**	美国	2 626 580
2	巴西	76 400	德国	12.35	巴西	489 000
3	法国	60 000	捷克	12.10	德国	467 354
4	德国	37 843	斯洛文尼亚	10.89	法国	397 971
5	智利	30 000	斯洛伐克	10.78	意大利	309 483
6	意大利	28 733	意大利	10.77	英国	171 000
7	加拿大	20 764	奥地利	10.72	加拿大	159 645
8	波兰	20 000	美国	10.64	波兰	100 000
9	英国	16 900	匈牙利	10.50	智利	94 853
10	以色列	14 000	英国	10.12	以色列	91 300
11	摩洛哥	12 100	比利时	9.69	匈牙利	82 988
12	荷兰	10 400	立陶宛	9.38	摩洛哥	60 500
13	葡萄牙	9 100	芬兰	9.08	荷兰	58 000
14	匈牙利	7 901	丹麦	8.00	突尼斯	43 600
15	突尼斯	7 200	南非	8.00	葡萄牙	36 274
16	阿根廷	7 000	加拿大	7.69	阿根廷	35 700
17	墨西哥	6 400	挪威	7.67	爱尔兰	28 000
18	澳大利亚	6 200	克罗地亚	7.50	西班牙	27 000
19	阿尔及利亚	6 000	爱尔兰	7.00	奥地利	25 000
20	土耳其	5 100	法国	6.63	阿尔及利亚	24 000
43	**中国**	**216**				
35					**中国**	**3 000**

7－9 鸭肉生产及排名

位次	国家（地区）	屠宰数（1000 只）	国家（地区）	胴体重（千克/只）	国家（地区）	产量（吨）
	世界	2 931 384	世界	1.46	世界	4 272 042
1	**中国**	**2 230 815**	法国	3.71	**中国**	**2 918 045**
2	越南	87 500	保加利亚	3.69	法国	289 821
3	法国	78 200	斯洛伐克	3.06	马来西亚	112 600
4	缅甸	72 000	约旦	2.80	越南	105 000
5	泰国	54 500	丹麦	2.79	缅甸	92 000
6	孟加拉	44 000	挪威	2.73	泰国	81 750
7	马来西亚	42 500	匈牙利	2.67	韩国	69 000
8	韩国	34 500	马来西亚	2.65	埃及	63 192
9	印度尼西亚	32 000	阿根廷	2.60	匈牙利	59 250
10	印度	30 000	埃及	2.56	德国	57 310
11	德国	24 830	墨西哥	2.50	美国	54 436
12	埃及	24 697	南非	2.50	孟加拉国	44 000
13	美国	24 472	奥地利	2.42	印度	39 000
14	匈牙利	22 161	德国	2.31	英国	33 000
15	英国	14 700	比利时	2.27	印度尼西亚	29 200
16	菲律宾	14 388	英国	2.24	菲律宾	28 776
17	墨西哥	8 200	美国	2.22	保加利亚	21 719
18	荷兰	8 000	波兰	2.15	墨西哥	20 500
19	波兰	7 800	澳大利亚	2.10	波兰	16 770
20	澳大利亚	7 500	希腊	2.10	荷兰	16 400
47			**中国**	**1.31**		

7-10 鹅肉和珍珠鸡肉生产及排名

位次	国家（地区）	屠宰数（1000只）	国家（地区）	胴体重（千克/只）	国家（地区）	产量（吨）
	世界	649 214	世界	3.95	世界	2 562 926
1	**中国**	**610 150**	加拿大	6.75	**中国**	**2 440 200**
2	埃及	7 757	法国	6.27	匈牙利	24 177
3	意大利	7 300	德国	4.86	埃及	20 944
4	匈牙利	5 221	英国	4.75	波兰	18 400
5	马达加斯加	4 200	匈牙利	4.63	意大利	13 400
6	波兰	4 000	波兰	4.60	马达加斯加	12 600
7	缅甸	3 420	斯洛伐克	4.56	缅甸	6 500
8	以色列	1 090	丹麦	4.50	法国	5 014
9	伊朗	1 000	克罗地亚	4.29	以色列	3 935
10	法国	800	希腊	4.20	德国	2 639
11	土耳其	710	奥地利	4.15	伊朗	2 500
12	德国	543	爱尔兰	4.00	英国	2 500
13	英国	526	新西兰	4.00	土耳其	1 775
14	泰国	320	叙利亚	4.00	加拿大	1 350
15	爱尔兰	300	**中国**	**4.00**	爱尔兰	1 200
16	菲律宾	250	捷克	3.75	泰国	800
17	加拿大	200	以色列	3.61	捷克	750
18	捷克	200	南非	3.50	克罗地亚	600
19	阿根廷	180	立陶宛	3.19	阿根廷	540
20	克罗地亚	140	阿根廷	3.00	南非	483

7－11 兔肉生产及排名

位次	国家（地区）	屠宰数（1000只）	国家（地区）	胴体重（千克/只）	国家（地区）	产量（吨）
	世界	1 144 477	世界	1.50	世界	1 712 557
1	**中国**	**462 000**	俄罗斯	2.34	**中国**	**685 000**
2	意大利	170 000	卢森堡	2.18	委内瑞拉	270 000
3	委内瑞拉	138 092	摩尔多瓦	2.03	意大利	255 000
4	韩国	104 000	韩国	2.00	韩国	135 200
5	西班牙	58 800	叙利亚	1.96	西班牙	67 000
6	埃及	46 948	委内瑞拉	1.96	埃及	53 307
7	法国	37 000	捷克	1.93	法国	48 515
8	德国	22 000	波兰	1.92	捷克	38 500
9	捷克	20 000	乌克兰	1.91	德国	37 500
10	阿尔及利亚	7 800	拉脱维亚	1.91	俄罗斯	15 232
11	塞拉利昂	7 500	博茨瓦纳	1.80	乌克兰	14 000
12	乌克兰	7 318	毛里求斯	1.79	阿尔及利亚	7 800
13	阿根廷	6 600	希腊	1.76	塞拉利昂	7 500
14	俄罗斯	6 518	白俄罗斯	1.75	希腊	7 400
15	墨西哥	4 250	马提尼克（法）	1.75	阿根廷	7 260
16	希腊	4 200	立陶宛	1.71	保加利亚	6 800
17	匈牙利	4 125	德国	1.70	匈牙利	5 666
18	保加利亚	4 000	奥地利	1.70	哈萨克斯坦	5 100
19	哈萨克斯坦	3 600	保加利亚	1.70	墨西哥	4 500
20	哥伦比亚	3 400	乌兹别克斯坦	1.67	哥伦比亚	4 420
28			**中国**	**1.48**		

7-12 蛋类总产量及排名

位次	国家（地区）	产蛋禽（1000只）	国家（地区）	单产（千克/只）	国家（地区）	产量（吨）
	世界	6 794 561	世界	10.4	世界	70 615 637
1	**中国**	**2 581 293**	约旦	36.5	**中国**	**28 114 100**
2	美国	338 475	马提尼克（法）	27.0	美国	5 415 600
3	巴西	311 000	丹麦	22.5	印度	3 490 000
4	印度	303 658	葡萄牙	20.1	日本	2 482 628
5	印度尼西亚	237 500	荷兰	19.9	墨西哥	2 458 732
6	墨西哥	185 446	德国	19.8	俄罗斯	2 305 300
7	俄罗斯	159 978	芬兰	19.0	巴西	2 192 774
8	尼日利亚	159 000	瑞士	18.7	印度尼西亚	1 427 100
9	孟加拉国	148 300	巴勒斯坦	18.5	乌克兰	1 089 800
10	日本	137 352	厄瓜多尔	18.3	泰国	996 000
11	巴基斯坦	116 700	瑞典	18.2	法国	839 500
12	泰国	112 000	哥斯达黎加	18.1	西班牙	820 710
13	乌克兰	97 910	爱沙尼亚	18.1	土耳其	810 000
14	菲律宾	93 700	拉脱维亚	18.1	德国	777 100
15	土耳其	78 957	日本	18.1	伊朗	741 000
16	越南	70 000	卢森堡	17.8	意大利	736 800
17	意大利	68 000	比利时	17.5	荷兰	692 000
18	缅甸	67 900	智利	16.6	英国	669 000
19	伊朗	66 500	奥地利	16.6	哥伦比亚	639 728
20	马来西亚	66 100	加拿大	16.4	尼日利亚	636 000
70			**中国**	**11.0**		

7-13 带壳鸡蛋产量及排名

位次	国家（地区）	产蛋鸡（1000只）	国家（地区）	单产（千克/只）	国家（地区）	产量（吨）
	世界	6 617 299	世界	9.9	世界	65 181 280
1	**中国**	**2 581 293**	约旦	36.5	**中国**	**24 231 650**
2	美国	338 475	马提尼克（法）	27.0	美国	5 415 600
3	印度	303 658	丹麦	22.5	印度	3 490 000
4	巴西	285 000	葡萄牙	20.0	日本	2 482 628
5	印度尼西亚	207 700	荷兰	19.9	墨西哥	2 458 732
6	墨西哥	185 446	德国	19.8	俄罗斯	2 283 600
7	俄罗斯	159 978	芬兰	19.0	巴西	2 036 534
8	尼日利亚	159 000	瑞士	18.7	印度尼西亚	1 166 400
9	日本	137 352	巴勒斯坦	18.5	乌克兰	1 064 200
10	孟加拉国	124 000	厄瓜多尔	18.3	法国	839 500
11	巴基斯坦	114 000	瑞典	18.2	西班牙	818 820
12	乌克兰	97 910	哥斯达黎加	18.1	土耳其	810 000
13	菲律宾	80 700	爱沙尼亚	18.1	德国	777 100
14	土耳其	78 957	拉脱维亚	18.1	伊朗	741 000
15	泰国	76 000	日本	18.1	意大利	736 800
16	越南	70 000	卢森堡	17.8	荷兰	692 000
17	意大利	68 000	比利时	17.5	英国	653 000
18	伊朗	66 500	智利	16.6	哥伦比亚	639 728
19	马来西亚	64 900	奥地利	16.6	尼日利亚	636 000
20	缅甸	63 000	加拿大	16.4	巴基斯坦	604 279
89			**中国**	**9.3**		

7-14 其他带壳禽蛋产量及排名

位次	国家（地区）	产蛋禽（1000只）	国家（地区）	单产（千克/只）	国家（地区）	产量（吨）
	世界	177 262	世界	30.7	世界	5 434 357
1	泰国	36 000	西班牙	63.0	**中国**	**4 244 410**
2	印度尼西亚	29 800	马来西亚	11.7	泰国	395 000
3	巴西	26 000	泰国	11.0	印度尼西亚	260 700
4	纳米比亚	25 000	韩国	9.8	巴西	156 240
5	孟加拉国	24 300	新西兰	9.1	孟加拉国	85 000
6	菲律宾	13 000	印度尼西亚	8.8	菲律宾	77 800
7	安提瓜和巴布达	5 400	缅甸	8.2	缅甸	40 000
8	缅甸	4 900	巴西	6.0	韩国	31 500
9	韩国	3 200	塞舌尔	6.0		
10	巴基斯坦	2 700	菲律宾	6.0	乌克兰	25 600
11	马达加斯加	2 520	尼泊尔	5.5	俄罗斯	21 700
12	马来西亚	1 200	海地	5.2	英国	16 000
13	柬埔寨	950	柬埔寨	5.0	马来西亚	14 000
14	新加坡	570	巴布亚新几内亚	5.0	罗马尼亚	12 097
15	坦桑尼亚	500	斯里兰卡	4.4	巴基斯坦	8 000
16	新西兰	350	巴拉圭	4.1	斯洛伐克	5 300
17	巴拉圭	230	老挝	3.6	乌兹别克斯坦	5 000
18	尼泊尔	175	坦桑尼亚	3.5	柬埔寨	4 750
19	海地	130	孟加拉国	3.5	马达加斯加	4 536
20	利比里亚	123	巴基斯坦	3.0	匈牙利	3 900

7－15 奶类总产量及排名

位次	国家（地区）	奶畜（头）	国家（地区）	单产（千克/头）	国家（地区）	产量（吨）
	世界	660 280 045	世界	1 101	世界	727 052 012
1	印度	112 531 000	美国	9 313	印度	119 444 000
2	**中国**	**59 805 911**	加拿大	8 699	美国	89 015 200
3	孟加拉国	35 869 000	丹麦	8 429	**中国**	**41 847 949**
4	巴基斯坦	28 477 000	瑞典	8 341	巴基斯坦	36 656 000
5	巴西	28 165 500	芬兰	8 058	巴西	32 239 149
6	伊朗	21 549 000	英国	7 849	俄罗斯	31 639 510
7	马里	20 360 915	日本	7 477	德国	30 336 400
8	土耳其	19 395 568	韩国	7 353	法国	25 349 036
9	索马里	17 722 500	德国	7 184	新西兰	17 893 800
10	阿尔及利亚	14 433 800	爱沙尼亚	6 993	土耳其	15 056 182
11	埃塞俄比亚	14 262 449	卢森堡	6 988	英国	14 246 000
12	叙利亚	13 988 035	荷兰	6 555	波兰	12 434 071
13	阿富汗	12 619 000	瑞士	6 497	荷兰	11 817 500
14	印度尼西亚	11 707 300	比利时	6 191	意大利	11 113 208
15	希腊	10 817 400	捷克	6 139	乌克兰	11 086 040
16	肯尼亚	10 532 600	澳大利亚	5 728	墨西哥	10 886 012
17	坦桑尼亚	9 600 000	奥地利	5 683	阿根廷	10 501 900
18	美国	9 558 000	挪威	5 566	澳大利亚	9 101 000
19	尼日尔	9 284 674	斯洛文尼亚	5 164	加拿大	8 400 000
20	俄罗斯	8 975 530	立陶宛	4 978	西班牙	7 612 000
104			**中国**	**700**		

7－16 全脂鲜牛奶总产量及排名

位次	国家（地区）	奶畜（头）	国家（地区）	单产（千克/头）	国家（地区）	产量（吨）
	世界	253 467 011	世界	2 394	世界	606 660 839
1	印度	44 900 000	沙特阿拉伯	10 438	美国	89 015 200
2	巴西	23 227 200	以色列	10 337	印度	52 500 000
3	**中国**	**12 297 299**	韩国	10 048	**中国**	**36 928 901**
4	埃塞俄比亚	10 676 800	美国	9 678	巴西	32 091 000
5	巴基斯坦	10 493 000	加拿大	8 699	俄罗斯	31 385 700
6	美国	9 198 000	丹麦	8 429	德国	30 301 400
7	俄罗斯	8 136 900	瑞典	8 341	法国	24 426 500
8	坦桑尼亚	6 900 000	芬兰	8 058	新西兰	17 893 800
9	肯尼亚	5 545 000	葡萄牙	7 874	英国	14 246 000
10	哥伦比亚	5 300 000	英国	7 849	土耳其	13 802 400
11	新西兰	4 816 000	西班牙	7 716	巴基斯坦	12 906 000
12	土耳其	4 761 140	荷兰	7 537	波兰	12 413 800
13	德国	4 187 540	日本	7 477	荷兰	11 627 300
14	孟加拉国	4 059 000	捷克	7 320	乌克兰	10 804 000
15	乌兹别克斯坦	3 763 600	德国	7 236	墨西哥	10 724 300
16	法国	3 660 170	卢森堡	7 225	阿根廷	10 501 900
17	阿富汗	3 500 000	爱沙尼亚	7 175	意大利	10 479 100
18	乌干达	3 400 000	瑞士	6 993	澳大利亚	9 101 000
19	伊朗	2 899 000	法国	6 674	加拿大	8 400 000
20	哈萨克斯坦	2 747 000	比利时	6 355	哥伦比亚	7 500 000
57			中国	**3 003**		

7-17 全脂鲜水牛奶总产量及排名

位次	国家（地区）	奶畜（头）	国家（地区）	单产（千克/头）	国家（地区）	产量（吨）
	世界	58 934 518	世界	1 578	世界	93 016 859
1	印度	37 131 000	巴基斯坦	1 935	印度	62 350 000
2	巴基斯坦	11 864 000	叙利亚	1 766	巴基斯坦	22 955 000
3	**中国**	**5 706 400**	印度	1 679	**中国**	**3 100 000**
4	埃及	1 680 000	保加利亚	1 629	埃及	2 653 240
5	尼泊尔	1 291 660	埃及	1 579	尼泊尔	1 109 330
6	缅甸	560 000	马来西亚	1 150	缅甸	302 974
7	意大利	244 599	土耳其	1 004	意大利	192 540
8	伊朗	150 000	越南	1 000	伊朗	140 000
9	孟加拉国	90 000	伊朗	933	斯里兰卡	46 330
10	斯里兰卡	86 220	伊拉克	922	土耳其	40 372
11	土耳其	40 218	尼泊尔	859	孟加拉国	36 000
12	越南	32 000	希腊	800	越南	32 000
13	伊拉克	29 500	意大利	787	伊拉克	27 206
14	马来西亚	9 700	格鲁吉亚	579	马来西亚	11 155
15	格鲁吉亚	9 500	**中国**	**543**	保加利亚	8 868
16	保加利亚	5 444	缅甸	541	叙利亚	6 000
17	叙利亚	3 398	斯里兰卡	537	格鲁吉亚	5 500
18	文莱	450	阿尔巴尼亚	500	希腊	160
19	不丹	209	孟加拉国	400	文莱	90
20	希腊	200	不丹	400	不丹	84

7-18 全脂鲜山羊奶总产量及排名

位次	国家（地区）	奶畜（只）	国家（地区）	单产（千克/只）	国家（地区）	产量（吨）
	世界	168 168 384	世界	94	世界	15 855 612
1	孟加拉国	31 200 000	卢森堡	1 000	印度	4 594 000
2	印度	30 500 000	德国	997	孟加拉国	2 496 000
3	马里	11 710 300	捷克	750	巴基斯坦	759 000
4	印度尼西亚	7 033 200	荷兰	732	马里	702 617
5	索马里	6 911 800	法国	698	法国	657 146
6	伊朗	6 800 000	比利时	628	西班牙	540 000
7	巴基斯坦	5 400 000	奥地利	624	索马里	500 600
8	巴西	4 938 300	瑞士	609	希腊	402 100
9	尼日尔	4 631 000	挪威	566	土耳其	320 588
10	蒙古	4 078 170	亚美尼亚	526	伊朗	306 000
11	肯尼亚	3 400 000	葡萄牙	520	印度尼西亚	281 328
12	希腊	3 350 000	乌克兰	498	尼日尔	277 860
13	土耳其	3 033 110	拉脱维亚	493	**中国**	**277 228**
14	坦桑尼亚	2 700 000	立陶宛	434	俄罗斯	252 901
15	阿富汗	2 400 000	西班牙	429	阿尔及利亚	248 400
16	布基纳法索	2 279 500	白俄罗斯	411	乌克兰	232 800
17	阿尔及利亚	2 246 000	牙买加	379	肯尼亚	197 200
18	也门	1 909 100	马耳他	311	荷兰	190 200
19	**中国**	**1 738 112**	俄罗斯	309	牙买加	178 000
20	摩洛哥	1 684 700	克罗地亚	308	墨西哥	161 712
33			**中国**	**160**		

7－19 全脂鲜绵羊奶总产量及排名

位次	国家（地区）	奶畜（只）	国家（地区）	单产（千克/只）	国家（地区）	产量（吨）
	世界	174 640 395	世界	53	世界	9 262 607
1	**中国**	**40 000 000**	奥地利	421	**中国**	**1 529 000**
2	叙利亚	11 852 600	瑞士	395	土耳其	892 822
3	伊朗	11 700 000	马耳他	209	希腊	773 000
4	土耳其	11 561 100	法国	205	叙利亚	705 554
5	阿尔及利亚	11 230 200	西班牙	196	阿曼	632 913
6	阿曼	7 567 000	葡萄牙	184	索马里	590 400
7	希腊	7 254 000	亚美尼亚	176	西班牙	550 000
8	索马里	7 129 500	阿塞拜疆	157	伊朗	449 000
9	阿富汗	6 700 000	斯洛文尼亚	154	意大利	417 839
10	意大利	5 458 600	克罗地亚	145	法国	265 390
11	马里	5 220 700	塞浦路斯	128	阿尔及利亚	265 000
12	印度尼西亚	4 077 200	希腊	107	阿富汗	201 000
13	尼日尔	3 005 660	格鲁吉亚	104	马里	156 621
14	伊拉克	2 936 000			印度尼西亚	122 316
15	西班牙	2 800 000	以色列	99	尼日尔	120 226
16	蒙古	2 619 930	吉尔吉斯斯坦	90	毛里塔尼亚	115 500
17	沙特阿拉伯	2 447 400	哈萨克斯坦	89	埃及	113 000
18	埃塞俄比亚	2 300 000	保加利亚	88	保加利亚	89 296
19	埃及	2 260 000	乌克兰	87	阿尔巴尼亚	79 000
20	利比亚	2 235 800	黎巴嫩	85	葡萄牙	74 267
47			**中国**	**38**		

7 - 20 原毛总产量及排名

位次	国家（地区）	产量（吨）
	世界	1 985 797
1	**中国**	**393 072**
2	澳大利亚	361 806
3	新西兰	165 800
4	英国	67 000
5	伊朗	60 000
6	摩洛哥	55 300
7	阿根廷	54 000
8	俄罗斯	52 575
9	土耳其	46 586
10	印度	43 000
11	巴基斯坦	42 500
12	南非	41 197
13	哈萨克斯坦	38 500
14	土库曼斯坦	38 000
15	乌拉圭	34 700
16	印度尼西亚	30 750
17	乌兹别克斯坦	28 687
18	西班牙	28 000
19	阿尔及利亚	25 900
20	蒙古	22 300

八、2010年世界畜产品进出口情况

8-1 肉类进口及排名

位次	国家（地区）	进口数量（吨）	位次	国家（地区）	进口金额（1000美元）
	世界	37 239 443		世界	102 813 454
1	日本	2 782 274	1	日本	10 629 763
2	德国	2 352 708	2	英国	7 733 528
3	英国	2 246 397	3	德国	7 434 984
4	俄罗斯	2 225 529	4	意大利	6 041 110
5	中国香港	1 904 616	5	法国	5 554 063
6	意大利	1 841 907	6	俄罗斯	5 233 424
7	墨西哥	1 583 635	7	美国	5 076 496
8	荷兰	1 577 596	8	荷兰	4 557 953
9	美国	1 553 671	9	中国香港	3 388 714
10	法国	1 497 390	10	墨西哥	2 986 887
11	**中国**	**1 289 941**	**11**	**中国**	**2 435 829**
12	沙特阿拉伯	897 679	12	加拿大	2 234 370
13	韩国	800 245	13	比利时	2 070 253
14	加拿大	633 973	14	韩国	2 043 035
15	波兰	632 253	15	沙特阿拉伯	1 992 393
16	越南	608 866	16	西班牙	1 685 473
17	比利时	508 738	17	波兰	1 500 460
18	西班牙	488 358	18	丹麦	1 487 313
19	希腊	443 504	19	希腊	1 405 636
20	阿拉伯联合酋长国	397 567	20	瑞典	1 302 059

8－2 肉类出口及排名

位次	国家（地区）	出口数量（吨）	位次	国家（地区）	出口金额（1000 美元）
	世界	39 529 805		世界	105 572 317
1	美国	6 308 702	1	巴西	13 063 581
2	巴西	6 135 981	2	美国	12 299 734
3	德国	3 094 777	3	德国	9 488 195
4	荷兰	2 844 192	4	荷兰	8 265 182
5	加拿大	1 720 748	5	澳大利亚	5 715 359
6	丹麦	1 636 141	6	丹麦	4 763 417
7	澳大利亚	1 620 188	7	法国	4 551 206
8	法国	1 517 884	8	比利时	4 317 501
9	比利时	1 506 031	9	加拿大	4 132 776
10	西班牙	1 397 590	10	西班牙	3 988 659
11	波兰	1 164 911	11	新西兰	3 654 035
12	中国香港	945 917	12	波兰	3 169 269
13	新西兰	900 351	13	爱尔兰	2 900 786
14	**中国**	**897 369**	14	意大利	2 685 134
15	爱尔兰	776 838	**15**	**中国**	**2 473 009**
16	英国	739 141	16	英国	2 061 868
17	印度	676 025	17	泰国	1 938 062
18	泰国	669 588	18	印度	1 766 803
19	意大利	590 543	19	阿根廷	1 763 938
20	阿根廷	556 876	20	奥地利	1 535 263

8-3 猪肉进口及排名

位次	国家（地区）	进口数量（吨）	位次	国家（地区）	进口金额（1000美元）
	世界	4 285 513		世界	9 751 320
1	意大利	777 857	1	意大利	1 764 372
2	德国	599 077	2	德国	1 173 807
3	墨西哥	372 086	3	美国	923 996
4	美国	313 661	4	墨西哥	695 994
5	**中国**	**282 837**	**5**	**中国**	**602 684**
6	波兰	255 195	6	波兰	558 869
7	中国香港	242 704	7	中国香港	540 709
8	俄罗斯	200 360	8	俄罗斯	509 731
9	英国	177 705	9	英国	480 962
10	荷兰	134 411	10	希腊	245 809
11	希腊	108 371	11	法国	239 299
12	罗马尼亚	90 223	12	荷兰	231 872
13	法国	84 322	13	葡萄牙	184 091
14	奥地利	76 474	14	罗马尼亚	176 847
15	捷克	69 650	15	斯洛伐克	171 432
16	葡萄牙	67 700	16	奥地利	170 735
17	斯洛伐克	63 593	17	捷克	169 670
18	澳大利亚	56 983	18	澳大利亚	165 641
19	白俄罗斯	49 161	19	白俄罗斯	110 039
20	立陶宛	42 445	20	立陶宛	85 856

8－4 猪肉出口及排名

位次	国家（地区）	出口数量（吨）	位次	国家（地区）	出口金额（1000美元）
	世界	4 708 205		世界	11 037 736
1	美国	1 240 779	1	美国	3 531 197
2	德国	571 337	2	德国	1 290 877
3	丹麦	456 563	3	丹麦	1 010 725
4	比利时	450 733	4	比利时	952 714
5	荷兰	438 472	5	荷兰	924 143
6	西班牙	338 156	6	西班牙	833 686
7	法国	264 167	7	法国	529 248
8	加拿大	155 260	8	加拿大	336 788
9	波兰	147 403	9	波兰	272 950
10	**中国**	**107 811**	10	奥地利	173 456
11	中国香港	97 582	**11**	**中国**	**163 644**
12	英国	70 866	12	匈牙利	129 951
13	奥地利	70 566	13	中国香港	128 364
14	巴西	69 093	14	巴西	124 932
15	匈牙利	59 186	15	英国	104 004
16	意大利	43 581	16	白俄罗斯	100 517
17	爱尔兰	38 738	17	澳大利亚	99 141
18	白俄罗斯	33 899	18	意大利	96 343
19	澳大利亚	31 418	19	爱尔兰	78 114
20	智利	29 189	20	斯洛伐克	75 093

8-5 牛肉进口及排名

位次	国家（地区）	进口数量（吨）	位次	国家（地区）	进口金额（1000 美元）
	世界	1 639 507		世界	6 597 686
1	意大利	312 950	1	意大利	1 626 994
2	荷兰	202 475	2	荷兰	654 391
3	俄罗斯	158 881	3	俄罗斯	553 997
4	法国	115 278	4	法国	443 697
5	韩国	102 688	5	德国	389 849
6	德国	100 789	6	希腊	374 961
7	希腊	98 538	7	韩国	345 615
8	英国	67 588	8	英国	259 089
9	美国	53 574	9	土耳其	249 257
10	土耳其	50 658	10	美国	232 864
11	葡萄牙	49 816	11	葡萄牙	224 523
12	西班牙	36 162	12	西班牙	161 840
13	丹麦	26 298	13	丹麦	119 093
14	奥地利	21 091	14	加拿大	102 020
15	沙特阿拉伯	20 206	**15**	**中国**	**73 095**
16	比利时	19 642	16	沙特阿拉伯	68 258
17	**中国**	**15 473**	17	奥地利	65 049
18	加拿大	12 322	18	比利时	55 348
19	中国香港	10 668	19	中国香港	53 773
20	爱尔兰	8 044	20	爱尔兰	39 094

8-6 牛肉出口及排名

位次	国家（地区）	出口数量（吨）	位次	国家（地区）	出口金额（1000 美元）
	世界	1 620 442		世界	6 589 091
1	德国	211 568	1	法国	922 645
2	波兰	194 449	2	德国	835 799
3	法国	186 468	3	荷兰	676 182
4	荷兰	127 940	4	波兰	656 214
5	白俄罗斯	120 552	5	美国	525 199
6	美国	97 007	6	白俄罗斯	438 861
7	西班牙	77 945	7	比利时	352 132
8	比利时	64 112	8	西班牙	320 961
9	澳大利亚	56 749	9	爱尔兰	232 925
10	爱尔兰	55 282	10	奥地利	203 532
11	英国	54 367	11	加拿大	193 264
12	意大利	49 953	12	澳大利亚	176 965
13	奥地利	48 690	13	意大利	161 107
14	加拿大	45 836	14	英国	160 366
15	丹麦	43 722	15	丹麦	159 741
16	新西兰	32 863	16	墨西哥	102 123
17	巴基斯坦	22 550	17	新西兰	77 991
18	墨西哥	21 203	18	巴基斯坦	51 425
19	匈牙利	13 840	19	匈牙利	44 561
20	乌克兰	13 054	20	乌克兰	44 281
33	**中国**	**2 688**	**33**	**中国**	**7 235**

8-7　绵羊肉进口及排名

位次	国家（地区）	进口数量（吨）	位次	国家（地区）	进口金额（1000 美元）
	世界	902 588		世界	5 045 055
1	法国	116 252	1	法国	708 472
2	英国	100 677	2	英国	589 232
3	**中国**	**78 062**	3	美国	529 992
4	美国	67 365	4	德国	289 975
5	沙特阿拉伯	57 386	5	比利时	286 623
6	比利时	33 521	6	沙特阿拉伯	250 719
7	德国	33 386	**7**	**中国**	**236 065**
8	阿拉伯联合酋长国	30 581	8	阿拉伯联合酋长国	173 721
9	意大利	24 554	9	意大利	155 837
10	约旦	22 608	10	荷兰	136 613
11	马来西亚	21 654	11	日本	128 298
12	中国香港	21 622	12	加拿大	110 951
13	加拿大	18 992	13	马来西亚	98 985
14	日本	18 913	14	瑞士	98 928
15	巴布亚新几内亚	17 825	15	约旦	93 175
16	荷兰	16 650	16	西班牙	80 336
17	卡塔尔	15 949	17	中国香港	70 142
18	墨西哥	14 635	18	卡塔尔	64 277
19	西班牙	13 370	19	巴布亚新几内亚	56 912
20	俄罗斯	9 078	20	伊朗	52 359

8-8 绵羊肉出口及排名

位次	国家（地区）	出口数量（吨）	位次	国家（地区）	出口金额（1000美元）
	世界	962 169		世界	5 110 599
1	新西兰	372 866	1	新西兰	1 967 701
2	澳大利亚	268 282	2	澳大利亚	1 356 014
3	英国	88 943	3	英国	494 540
4	爱尔兰	34 942	4	爱尔兰	212 620
5	西班牙	26 642	5	比利时	176 333
6	比利时	20 828	6	西班牙	137 705
7	荷兰	15 704	7	荷兰	130 593
8	印度	14 273	8	德国	69 666
9	乌拉圭	14 225	9	乌拉圭	67 820
10	美国	8 287	10	印度	60 172
11	法国	8 257	11	法国	55 334
12	德国	8 020	**12**	**中国**	**33 943**
13	巴基斯坦	7 380	13	智利	32 759
14	阿根廷	7 326	14	阿根廷	30 015
15	约旦	6 886	15	约旦	28 447
16	智利	6 868	16	保加利亚	26 748
17	**中国**	**6 757**	17	巴基斯坦	25 152
18	中国香港	6 460	18	阿曼	22 222
19	纳米比亚	5 000	19	意大利	19 637
20	保加利亚	3 873	20	美国	18 474

8-9 山羊肉进口及排名

位次	国家（地区）	进口数量（吨）	位次	国家（地区）	进口金额（1000美元）
	世界	53 561		世界	254 407
1	美国	13 405	1	美国	61 151
2	巴林	7 139	2	巴林	43 494
3	阿拉伯联合酋长国	6 640	3	阿拉伯联合酋长国	29 484
4	**中国**	**4 128**	4	沙特阿拉伯	16 214
5	沙特阿拉伯	3 780	**5**	**中国**	**14 332**
6	加拿大	2 749	6	意大利	13 792
7	卡塔尔	2 496	7	卡塔尔	9 575
8	中国香港	2 143	8	中国香港	9 229
9	意大利	1 400	9	加拿大	8 082
10	牙买加	1 192	10	葡萄牙	6 674
11	特立尼达和多巴哥	1 123	11	英国	5 284
12	英国	1 030	12	牙买加	4 925
13	葡萄牙	1 009	13	特立尼达和多巴哥	4 747
14	科威特	885	14	科威特	4 564
15	法国	769	15	法国	4 346
16	韩国	526	16	瑞士	3 770
17	阿曼	479	17	韩国	2 067
18	马来西亚	446	18	西班牙	2 001
19	西班牙	371	19	阿曼	1 962
20	瑞士	304	20	马来西亚	1 750

8-10 山羊肉出口及排名

位次	国家（地区）	出口数量（吨）	位次	国家（地区）	出口金额（1000 美元）
	世界	53 431		世界	239 167
1	澳大利亚	26 221	1	澳大利亚	104 062
2	埃塞俄比亚	7 949	**2**	**中国**	**35 034**
3	**中国**	**6 724**	3	埃塞俄比亚	31 342
4	巴基斯坦	3 938	4	法国	26 699
5	法国	2 580	5	巴基斯坦	16 500
6	肯尼亚	960	6	新西兰	4 429
7	新西兰	901	7	西班牙	3 191
8	阿根廷	901	8	英国	2 593
9	英国	649	9	肯尼亚	2 559
10	沙特阿拉伯	588	10	希腊	2 091
11	西班牙	471	11	爱尔兰	2 070
12	美国	313	12	阿根廷	2 024
13	荷兰	224	13	沙特阿拉伯	1 165
14	希腊	215	14	荷兰	1 000
15	爱尔兰	162	15	美国	983
16	阿拉伯联合酋长国	158	16	墨西哥	625
17	加拿大	84	17	爱沙尼亚	502
18	墨西哥	61	18	加拿大	412
19	保加利亚	50	19	阿拉伯联合酋长国	383
20	纳米比亚	46	20	保加利亚	322

8-11 鸡肉进口及排名

位次	国家（地区）	进口数量（吨）	位次	国家（地区）	进口金额（1000 美元）
	世界	10 695 137		世界	18 385 123
1	中国香港	1 011 178	1	中国香港	1 523 624
2	**中国**	**690 515**	2	英国	1 324 905
3	沙特阿拉伯	645 012	3	沙特阿拉伯	1 230 568
4	俄罗斯	602 850	**4**	**中国**	**1 137 813**
5	墨西哥	535 732	5	日本	1 091 188
6	越南	506 971	6	法国	803 297
7	日本	420 253	7	俄罗斯	779 840
8	英国	342 373	8	德国	755 907
9	荷兰	308 155	9	越南	615 338
10	德国	299 075	10	荷兰	600 849
11	法国	292 493	11	阿拉伯联合酋长国	484 390
12	阿拉伯联合酋长国	285 569	12	墨西哥	474 634
13	伊拉克	262 543	13	委内瑞拉	439 610
14	安哥拉	238 357	14	伊拉克	409 221
15	委内瑞拉	232 501	15	加拿大	330 531
16	南非	219 638	16	科威特	322 442
17	科威特	184 506	17	安哥拉	293 848
18	哈萨克斯坦	180 000	18	西班牙	261 784
19	古巴	178 272	19	比利时	258 571
20	加拿大	143 151	20	埃及	223 295

8－12 鸡肉出口及排名

位次	国家（地区）	出口数量（吨）	位次	国家（地区）	出口金额（1000美元）
	世界	11 632 123		世界	18 331 871
1	巴西	3 460 760	1	巴西	5 789 272
2	美国	3 297 309	2	美国	3 407 812
3	荷兰	878 132	3	荷兰	1 869 332
4	中国香港	695 393	4	法国	864 757
5	比利时	385 188	5	比利时	823 487
6	法国	381 245	6	中国香港	814 647
7	波兰	285 852	7	德国	583 023
8	德国	269 292	8	波兰	572 331
9	阿根廷	251 019	9	阿根廷	379 140
10	英国	215 292	**10**	**中国**	**350 546**
11	**中国**	**165 158**	11	英国	306 723
12	土耳其	138 395	12	土耳其	202 257
13	加拿大	128 882	13	意大利	194 480
14	西班牙	95 609	14	丹麦	192 850
15	意大利	86 232	15	加拿大	192 138
16	丹麦	84 915	16	智利	169 166
17	智利	73 341	17	西班牙	158 339
18	匈牙利	57 841	18	匈牙利	151 858
19	阿曼	54 652	19	保加利亚	117 594
20	贝宁	41 807	20	阿曼	103 970

8－13 火鸡肉进口及排名

位次	国家（地区）	进口数量（吨）	位次	国家（地区）	进口金额（1000 美元）
	世界	844 620		世界	2 208 610
1	墨西哥	150 919	1	墨西哥	341 940
2	德国	88 610	2	德国	335 214
3	贝宁	37 833	3	奥地利	164 531
4	比利时	36 516	4	比利时	113 235
5	奥地利	36 297	5	英国	104 442
6	俄罗斯	33 481	6	法国	92 474
7	**中国**	**30 371**	7	沙特阿拉伯	72 416
8	荷兰	29 941	8	荷兰	66 655
9	沙特阿拉伯	28 832	9	俄罗斯	60 616
10	法国	27 069	10	葡萄牙	51 501
11	南非	25 547	**11**	**中国**	**50 616**
12	英国	24 095	12	西班牙	49 526
13	卡塔尔	24 082	13	瑞士	47 437
14	西班牙	20 156	14	卡塔尔	45 727
15	葡萄牙	13 108	15	贝宁	45 549
16	保加利亚	13 096	16	希腊	42 483
17	爱尔兰	12 096	17	爱尔兰	41 675
18	希腊	11 735	18	意大利	37 901
19	意大利	11 530	19	丹麦	36 718
20	美国	11 415	20	南非	31 609

8-14 火鸡肉出口及排名

位次	国家（地区）	出口数量（吨）	位次	国家（地区）	出口金额（1000美元）
	世界	911 966		世界	2 093 940
1	美国	239 950	1	美国	400 993
2	法国	97 275	2	波兰	286 165
3	德国	92 942	3	德国	269 531
4	波兰	89 839	4	法国	221 016
5	巴西	78 062	5	意大利	179 932
6	意大利	56 946	6	巴西	155 252
7	荷兰	45 868	7	匈牙利	132 668
8	匈牙利	36 197	8	荷兰	60 924
9	英国	27 253	9	英国	59 768
10	加拿大	23 908	10	西班牙	59 161
11	西班牙	23 420	11	奥地利	47 942
12	智利	15 720	12	智利	39 132
13	爱尔兰	13 287	13	加拿大	31 885
14	奥地利	13 006	14	爱尔兰	26 627
15	贝宁	12 701	15	贝宁	21 922
16	沙特阿拉伯	9 976	16	沙特阿拉伯	18 791
17	以色列	6 791	17	比利时	14 395
18	比利时	5 602	18	以色列	13 581
19	澳大利亚	3 207	19	丹麦	11 739
20	中国香港	3 152	20	中国香港	5 286

8-15 鸭肉进口及排名

位次	国家（地区）	进口数量（吨）	位次	国家（地区）	进口金额（1000美元）
	世界	154 233		世界	410 983
1	中国香港	52 401	1	中国香港	92 115
2	德国	17 452	2	德国	51 737
3	卡塔尔	16 994	3	日本	42 210
4	英国	7 148	4	卡塔尔	27 856
5	捷克	5 657	5	英国	23 237
6	俄罗斯	5 591	6	丹麦	17 111
7	丹麦	4 777	7	捷克	15 113
8	西班牙	4 371	8	西班牙	13 529
9	奥地利	3 468	9	俄罗斯	12 514
10	日本	3 262	10	奥地利	8 417
11	多哥	2 627	11	法国	7 844
12	斯洛伐克	2 586	12	以色列	7 839
13	中国澳门	2 400	13	加拿大	7 740
14	**中国**	**1 794**	14	斯洛伐克	7 167
15	加拿大	1 744	15	爱尔兰	5 346
16	法国	1 664	16	荷兰	4 800
17	匈牙利	1 662	17	意大利	4 735
18	葡萄牙	1 520	18	匈牙利	4 502
19	意大利	1 505	19	葡萄牙	4 160
20	爱尔兰	1 034	20	中国澳门	3 809
			24	**中国**	**3 489**

8-16 鸭肉出口及排名

位次	国家（地区）	出口数量（吨）	位次	国家（地区）	出口金额（1000 美元）
	世界	153 539		世界	401 476
1	**中国**	**45 239**	**1**	**中国**	**98 258**
2	匈牙利	23 504	2	匈牙利	60 747
3	德国	18 382	3	德国	49 596
4	荷兰	14 165	4	法国	43 414
5	法国	9 491	5	荷兰	39 600
6	美国	6 733	6	加拿大	17 350
7	加拿大	5 811	7	美国	15 683
8	泰国	5 301	8	英国	15 328
9	英国	4 694	9	爱尔兰	12 154
10	中国香港	4 488	10	泰国	8 348
11	爱尔兰	2 998	11	巴西	7 502
12	巴西	2 178	12	中国香港	6 991
13	印度	1 744	13	沙特阿拉伯	4 913
14	沙特阿拉伯	1 736	14	南非	2 636
15	丹麦	805	15	丹麦	2 519
16	南非	775	16	葡萄牙	2 243
17	葡萄牙	707	17	捷克	1 765
18	白俄罗斯	644	18	白俄罗斯	1 503
19	捷克	554	19	保加利亚	1 417
20	马来西亚	405	20	印度	1 204

8-17 鹅肉和珍珠鸡肉进口及排名

位次	国家（地区）	进口数量（吨）	位次	国家（地区）	进口金额（1000美元）
	世界	36 503		世界	181 312
1	德国	23 658	1	德国	120 441
2	奥地利	2 037	2	瑞士	15 054
3	法国	1 903	3	奥地利	8 107
4	捷克	1 546	4	法国	7 606
5	瑞士	1 335	5	捷克	5 479
6	俄罗斯	1 263	6	墨西哥	4 849
7	墨西哥	983	7	英国	4 436
8	英国	908	8	俄罗斯	3 071
9	丹麦	412	9	比利时	2 775
10	比利时	331	10	意大利	1 911
11	意大利	327	11	斯洛伐克	1 096
12	斯洛伐克	303	12	丹麦	1 085
13	冈比亚	240	13	荷兰	710
14	西班牙	196	14	西班牙	674
15	荷兰	161	15	爱尔兰	581
16	贝宁	158	16	冈比亚	491
17	匈牙利	152	17	瑞典	438
18	爱尔兰	112	18	匈牙利	403
19	立陶宛	91	19	立陶宛	272
20	瑞典	82	20	斯洛文尼亚	236

8-18 鹅肉和珍珠鸡肉出口及排名

位次	国家（地区）	出口数量（吨）	位次	国家（地区）	出口金额（1000 美元）
	世界	32 787		世界	153 910
1	波兰	15 903	1	波兰	76 420
2	匈牙利	13 038	2	匈牙利	65 382
3	马来西亚	1 885	3	德国	3 737
4	德国	786	4	比利时	2 173
5	比利时	223	5	马来西亚	1 869
6	法国	200	6	法国	1 541
7	印度尼西亚	184	7	荷兰	590
8	捷克	131	8	斯洛伐克	542
9	荷兰	84	9	捷克	416
10	斯洛伐克	68	10	丹麦	210
11	爱尔兰	49	11	瑞典	170
12	立陶宛	46	12	英国	151
13	丹麦	38	13	奥地利	137
14	英国	23	14	保加利亚	94
15	**中国**	**22**	15	立陶宛	93
16	塞浦路斯	22	16	印度尼西亚	92
17	奥地利	21	17	意大利	80
18	斯洛文尼亚	17	18	斯洛文尼亚	71
19	意大利	14	19	爱尔兰	59
20	保加利亚	13	**20**	**中国**	**28**

8-19 兔肉进口及排名

位次	国家（地区）	进口数量（吨）	位次	国家（地区）	进口金额（1000美元）
	世界	29 291		世界	139 649
1	比利时	5 482	1	比利时	26 121
2	德国	4 875	2	德国	25 555
3	意大利	3 514	3	意大利	14 358
4	法国	2 583	4	瑞士	13 376
5	葡萄牙	2 190	5	法国	12 106
6	俄罗斯	2 109	6	葡萄牙	9 713
7	瑞士	1 849	7	荷兰	7 847
8	荷兰	1 302	8	俄罗斯	6 177
9	美国	1 029	9	美国	3 916
10	卡塔尔	692	10	卡塔尔	2 866
11	捷克	512	11	希腊	2 642
12	希腊	491	12	西班牙	2 462
13	西班牙	479	13	卢森堡	2 413
14	纳米比亚	386	14	捷克	2 335
15	马耳他	357	15	马耳他	1 785
16	卢森堡	280	16	奥地利	1 064
17	埃及	219	17	纳米比亚	575
18	奥地利	158	18	斯洛伐克	538
19	斯洛伐克	97	19	斯洛文尼亚	532
20	斯洛文尼亚	85	20	埃及	436

8－20 兔肉出口及排名

位次	国家（地区）	出口数量（吨）	位次	国家（地区）	出口金额（1000 美元）
	世界	36 590		世界	178 248
1	**中国**	**10 328**	**1**	**中国**	**39 838**
2	法国	5 592	2	法国	29 746
3	比利时	5 222	3	比利时	26 354
4	匈牙利	4 216	4	匈牙利	25 551
5	西班牙	3 900	5	阿根廷	18 612
6	阿根廷	2 901	6	西班牙	17 534
7	荷兰	1 338	7	意大利	8 021
8	意大利	1 264	8	荷兰	4 379
9	捷克	456	9	捷克	2 313
10	德国	346	10	德国	2 294
11	中国香港	214	11	智利	581
12	斯洛伐克	156	12	乌拉圭	521
13	沙特阿拉伯	146	13	中国香港	341
14	乌拉圭	113	14	斯洛伐克	341
15	智利	78	15	加拿大	288
16	美国	73	16	葡萄牙	258
17	波兰	66	17	沙特阿拉伯	257
18	葡萄牙	47	18	美国	246
19	加拿大	38	19	卢森堡	137
20	丹麦	24	20	奥地利	127

8－21　带壳鸡蛋进口及排名

位次	国家（地区）	进口数量（吨）	位次	国家（地区）	进口金额（1000美元）
	世界	1 673 579		世界	3 077 420
1	德国	481 540	1	德国	835 487
2	伊拉克	199 482	2	伊拉克	320 632
3	荷兰	168 700	3	荷兰	230 625
4	中国香港	95 244	4	中国香港	127 871
5	新加坡	75 837	5	新加坡	103 488
6	比利时	60 931	6	比利时	94 204
7	法国	54 240	7	俄罗斯	94 074
8	意大利	39 891	8	英国	90 350
9	英国	36 099	9	法国	86 410
10	瑞士	34 336	10	瑞士	68 123
11	加拿大	24 904	11	加拿大	60 368
12	捷克	23 398	12	意大利	53 898
13	奥地利	22 398	13	利比亚	53 555
14	波兰	19 244	14	波兰	44 441
15	安哥拉	19 046	15	奥地利	38 437
16	卡塔尔	17 614	16	捷克	36 575
17	俄罗斯	16 738	17	阿拉伯联合酋长国	31 014
18	阿拉伯联合酋长国	15 498	18	卡塔尔	29 819
19	阿曼	14 654	19	阿曼	28 423
20	阿富汗	12 669	20	墨西哥	26 564
103	**中国**	**380**	**93**	**中国**	**1 681**

8-22 带壳鸡蛋出口及排名

位次	国家（地区）	出口数量（吨）	位次	国家（地区）	出口金额（1000美元）
	世界	2 020 902		世界	3 223 803
1	荷兰	603 280	1	荷兰	813 130
2	波兰	152 850	2	美国	245 914
3	土耳其	131 610	3	德国	228 822
4	西班牙	122 657	4	波兰	190 203
5	德国	115 106	5	西班牙	163 163
6	**中国**	**101 192**	6	土耳其	156 195
7	马来西亚	89 243	7	叙利亚	131 670
8	美国	86 103	**8**	**中国**	**130 631**
9	比利时	78 354	9	比利时	130 240
10	叙利亚	76 306	10	法国	123 542
11	法国	57 009	11	马来西亚	103 368
12	沙特阿拉伯	41 222	12	巴西	73 075
13	印度	34 861	13	意大利	65 434
14	白俄罗斯	33 123	14	沙特阿拉伯	59 729
15	意大利	27 679	15	英国	51 435
16	伊朗	20 979	16	加拿大	44 163
17	拉脱维亚	18 985	17	匈牙利	43 184
18	乌克兰	18 558	18	印度	38 790
19	斯洛伐克	14 700	19	白俄罗斯	33 082
20	巴西	13 930	20	伊朗	27 995

8-23 全脂奶粉进口及排名

位次	国家（地区）	进口数量（吨）	位次	国家（地区）	进口金额（1000美元）
	世界	2 088 543		世界	7 786 959
1	**中国**	**355 701**	**1**	**中国**	**1 228 630**
2	阿尔及利亚	150 623	2	阿尔及利亚	575 996
3	沙特阿拉伯	93 101	3	中国香港	440 460
4	新加坡	82 531	4	沙特阿拉伯	350 156
5	委内瑞拉	76 707	5	尼日利亚	303 979
6	尼日利亚	72 622	6	新加坡	280 210
7	斯里兰卡	67 065	7	阿拉伯联合酋长国	246 967
8	阿拉伯联合酋长国	65 436	8	斯里兰卡	229 800
9	阿曼	57 821	9	阿曼	226 914
10	比利时	52 533	10	印度尼西亚	213 105
11	荷兰	51 800	11	委内瑞拉	188 236
12	印度尼西亚	42 838	12	比利时	174 294
13	越南	39 491	13	荷兰	168 289
14	中国香港	38 848	14	越南	137 436
15	巴西	37 958	15	孟加拉国	130 871
16	德国	35 916	16	巴西	129 246
17	孟加拉国	33 915	17	德国	123 920
18	菲律宾	31 835	18	苏丹	106 543
19	泰国	31 544	19	泰国	106 382
20	塞内加尔	28 947	20	叙利亚	103 744

8-24 全脂奶粉出口及排名

位次	国家（地区）	出口数量（吨）	位次	国家（地区）	出口金额（1000美元）
	世界	2 355 944		世界	8 002 887
1	新西兰	964 867	1	新西兰	3 119 058
2	荷兰	162 353	2	荷兰	684 278
3	阿根廷	129 135	3	阿根廷	459 581
4	澳大利亚	114 585	4	澳大利亚	408 582
5	比利时	112 314	5	丹麦	396 185
6	丹麦	104 302	6	比利时	374 775
7	法国	85 894	7	法国	308 883
8	德国	78 905	8	德国	195 476
9	新加坡	64 161	9	爱尔兰	179 683
10	英国	62 147	10	英国	178 094
11	爱尔兰	53 247	11	新加坡	177 032
12	美国	53 149	12	白俄罗斯	149 423
13	白俄罗斯	38 596	13	菲律宾	128 965
14	瑞典	32 101	14	美国	127 865
15	沙特阿拉伯	30 680	15	瑞典	115 120
16	菲律宾	30 144	16	阿拉伯联合酋长国	88 508
17	乌拉圭	21 339	17	沙特阿拉伯	60 788
18	阿拉伯联合酋长国	18 535	18	马来西亚	60 520
19	波兰	16 819	19	乌拉圭	59 202
20	印度尼西亚	16 738	20	中国香港	56 852
39	**中国**	**3 214**	**29**	**中国**	**10 393**

8－25 毛皮进口及排名

位次	国家（地区）	进口数量（吨）	位次	国家（地区）	进口金额（1000美元）
	世界	45 326		世界	2 472 732
1	**中国**	**34 773**	1	中国香港	963 844
2	中国香港	45 37	**2**	**中国**	**382 543**
3	比利时	1 612	3	丹麦	269 432
4	芬兰	850	4	芬兰	175 755
5	丹麦	729	5	韩国	122 613
6	葡萄牙	446	6	美国	119 847
7	波兰	442	7	希腊	96 733
8	希腊	271	8	加拿大	88 410
9	韩国	248	9	意大利	86 266
10	意大利	243	10	波兰	45 215
11	爱沙尼亚	177	11	俄罗斯	20 278
12	俄罗斯	158	12	德国	20 260
13	德国	149	13	爱沙尼亚	17 248
14	法国	138	14	立陶宛	13 962
15	苏丹	82	15	法国	9 293
16	乌克兰	63	16	英国	8 199
17	立陶宛	55	17	比利时	7 096
18	瑞典	41	18	马来西亚	6 772
19	马来西亚	36	19	日本	4 892
20	日本	31	20	白俄罗斯	3 811

8－26 毛皮出口及排名

位次	国家（地区）	出口数量（吨）	位次	国家（地区）	出口金额（1000 美元）
	世界	30 756		世界	3 800 660
1	法国	6 015	1	丹麦	1 309 188
2	中国香港	4 022	2	中国香港	676 953
3	意大利	3 664	3	芬兰	647 439
4	西班牙	3 655	4	加拿大	399 264
5	丹麦	3 360	5	美国	244 539
6	芬兰	2 962	6	波兰	120 191
7	比利时	2 230	7	荷兰	61 407
8	匈牙利	1 111	8	俄罗斯	53 167
9	约旦	554	9	挪威	48 986
10	波兰	540	10	法国	33 692
11	挪威	343	11	白俄罗斯	26 253
12	土耳其	339	12	瑞典	24 586
13	荷兰	295	13	西班牙	22 479
14	阿根廷	196	14	德国	19 826
15	乌克兰	194	15	立陶宛	17 430
16	德国	186	16	希腊	16 469
17	巴基斯坦	122	17	意大利	15 405
18	俄罗斯	121	18	比利时	13 430
19	**中国**	**116**	19	拉脱维亚	10 389
20	白俄罗斯	95	20	冰岛	8 036
			28	**中国**	**1 584**

8-27 原毛进口及排名

位次	国家（地区）	进口数量（吨）	位次	国家（地区）	进口金额（1000美元）
	世界	485 449		世界	2 576 900
1	**中国**	**272 453**	**1**	**中国**	**1 851 817**
2	印度	35 612	2	印度	158 404
3	捷克	31 610	3	德国	149 484
4	德国	31 555	4	捷克	144 756
5	土耳其	19 111	5	意大利	120 315
6	意大利	18 654	6	乌拉圭	45 641
7	乌拉圭	18 609	7	英国	25 779
8	英国	18 251	8	土耳其	15 130
9	比利时	10 310	9	比利时	12 652
10	葡萄牙	4 386	10	美国	9 158
11	斯洛伐克	3 060	11	尼泊尔	5 961
12	法国	3 022	12	葡萄牙	4 325
13	白俄罗斯	2 397	13	白俄罗斯	3 669
14	尼泊尔	2 150	14	法国	3 597
15	爱尔兰	2 089	15	中国香港	3 570
16	巴基斯坦	1 884	16	斯洛伐克	3 322
17	西班牙	1 420	17	巴基斯坦	2 925
18	美国	1 096	18	西班牙	2 649
19	俄罗斯	981	19	爱尔兰	2 239
20	波兰	965	20	阿根廷	1 755

8－28 原毛出口及排名

位次	国家（地区）	出口数量（吨）	位次	国家（地区）	出口金额（1000美元）
	世界	625 820		世界	2 652 887
1	澳大利亚	324 540	1	澳大利亚	1 824 001
2	新西兰	44 125	2	新西兰	171 315
3	德国	35 161	3	南非	168 749
4	南非	34 581	4	德国	155 001
5	阿根廷	18 006	5	阿根廷	57 839
6	西班牙	14 939	6	乌拉圭	44 113
7	阿曼	14 556	7	英国	24 750
8	英国	11 516	8	西班牙	23 512
9	乌拉圭	10 646	9	巴西	19 395
10	沙特阿拉伯	10 499	10	美国	19 083
11	意大利	9 174	11	比利时	15 082
12	比利时	8 948	12	阿曼	11 576
13	叙利亚	7 697	13	智利	10 759
14	巴西	7 371	14	意大利	10 321
15	法国	7 243	15	法国	10 151
16	秘鲁	5 701	16	秘鲁	10 028
17	爱尔兰	5 587	17	爱尔兰	8 584
18	美国	4 234	18	斯洛伐克	7 633
19	挪威	3 974	19	俄罗斯	7 098
20	斯洛伐克	3 941	20	沙特阿拉伯	5 695
45	**中国**	**346**	**35**	**中国**	**860**

8-29 动物毛（细）进口及排名

位次	国家（地区）	进口数量（吨）	位次	国家（地区）	进口金额（1000 美元）
	世界	15 625		世界	167 012
1	**中国**	**9 368**	1	意大利	59 416
2	意大利	1 861	**2**	**中国**	**50 749**
3	英国	1 021	3	德国	13 200
4	南非	805	4	南非	7 620
5	德国	801	5	英国	7 326
6	比利时	340	6	韩国	7 029
7	韩国	300	7	日本	3 901
8	日本	186	8	印度	2 684
9	玻利维亚	172	9	土耳其	2 598
10	俄罗斯	141	10	奥地利	1 942
11	土耳其	110	11	玻利维亚	1 723
12	印度	89	12	比利时	1 259
13	加拿大	53	13	美国	1 235
14	奥地利	50	14	法国	1 202
15	法国	43	15	保加利亚	958
16	美国	40	16	葡萄牙	370
17	卡塔尔	32	17	阿根廷	339
18	白俄罗斯	24	18	巴西	309
19	葡萄牙	23	19	中国香港	302
20	中国香港	21	20	吉尔吉斯斯坦	269

8-30 动物毛（细）出口及排名

位次	国家（地区）	出口数量（吨）	位次	国家（地区）	出口金额（1000 美元）
	世界	13 458		世界	110 605
1	蒙古	7 042	1	蒙古	39 396
2	阿富汗	1 139	2	伊朗	13 556
3	比利时	976	3	阿富汗	12 526
4	伊朗	861	4	德国	9 280
5	南非	650	5	南非	7 353
6	土耳其	477	6	比利时	4 148
7	德国	467	7	英国	3 832
8	中国香港	281	8	新西兰	3 664
9	沙特阿拉伯	277	9	意大利	2 846
10	英国	263	10	阿根廷	2 682
11	巴基斯坦	165	11	中国香港	2 507
12	哈萨克斯坦	146	12	土耳其	1 765
13	阿根廷	131	13	澳大利亚	1 478
14	澳大利亚	129	14	葡萄牙	1 463
15	意大利	129	**15**	**中国**	**871**
16	新西兰	74	16	玻利维亚	804
17	美国	43	17	法国	426
18	**中国**	**39**	18	吉尔吉斯斯坦	281
19	葡萄牙	28	19	西班牙	280
20	莱索托	20	20	俄罗斯	271

8-31 粗毛进口及排名

位次	国家（地区）	进口数量（吨）	位次	国家（地区）	进口金额（1000美元）
	世界	10 615		世界	15 172
1	**中国**	**6 020**	**1**	**中国**	**7 292**
2	德国	1 716	2	德国	3 011
3	比利时	820	3	英国	1 294
4	英国	776	4	爱尔兰	1 095
5	土耳其	363	5	比利时	835
6	爱尔兰	297	6	荷兰	294
7	荷兰	196	7	土耳其	284
8	埃及	97	8	美国	280
9	意大利	74	9	埃及	112
10	澳大利亚	51	10	法国	111
11	日本	38	11	意大利	111
12	法国	24	12	斯洛伐克	78
13	美国	22	13	西班牙	68
14	芬兰	20	14	希腊	44
15	斯洛伐克	20	15	加拿大	37
16	立陶宛	16	16	日本	31
17	喀麦隆	14	17	立陶宛	29
18	加拿大	11	18	芬兰	26
19	西班牙	11	19	阿曼	25
20	捷克	7	20	瑞士	24

8-32 粗毛出口及排名

位次	国家（地区）	出口数量（吨）	位次	国家（地区）	出口金额（1000美元）
	世界	3 477		世界	7 727
1	德国	1 067	1	比利时	1 510
2	比利时	857	2	德国	1 479
3	土耳其	476	3	荷兰	1 317
4	荷兰	330	4	新西兰	766
5	巴基斯坦	298	5	澳大利亚	598
6	俄罗斯	126	6	俄罗斯	497
7	沙特阿拉伯	106	7	意大利	383
8	澳大利亚	62	8	土耳其	374
9	英国	50	9	巴基斯坦	266
10	印度	43	10	沙特阿拉伯	177
11	意大利	25	11	英国	135
12	南非	14	12	印度	60
13	新西兰	10	13	南非	36
14	西班牙	4	14	西班牙	36
15	挪威	3	15	美国	29
16	美国	3	16	法国	19
17	加拿大	1	17	马来西亚	17
18	法国	1	18	瑞士	11
19	马来西亚	1	19	挪威	9
			20	加拿大	3

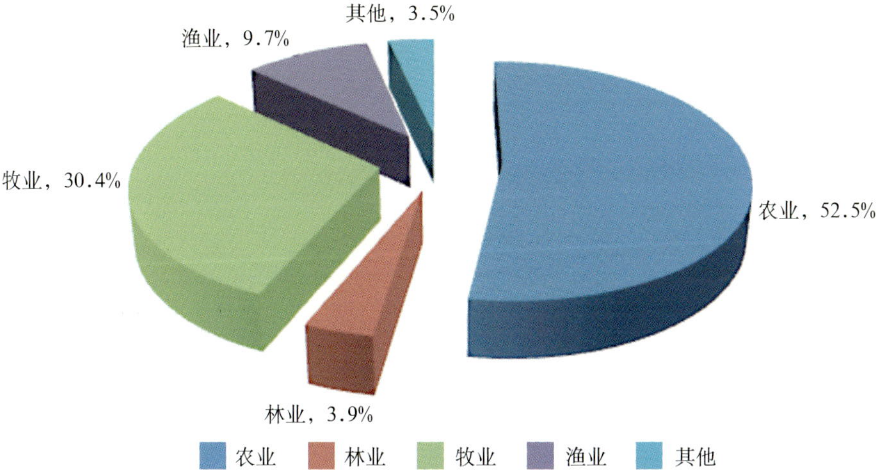

图1　2012年全国农林牧渔业产值比重

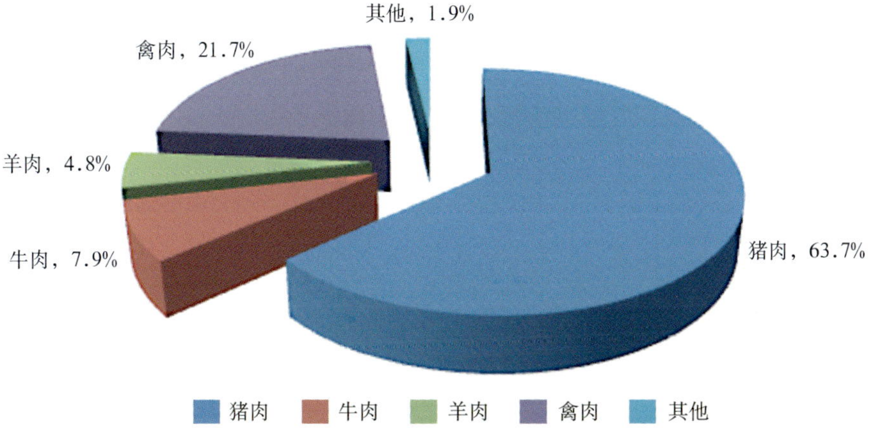

图2　2012年全国肉类产量构成

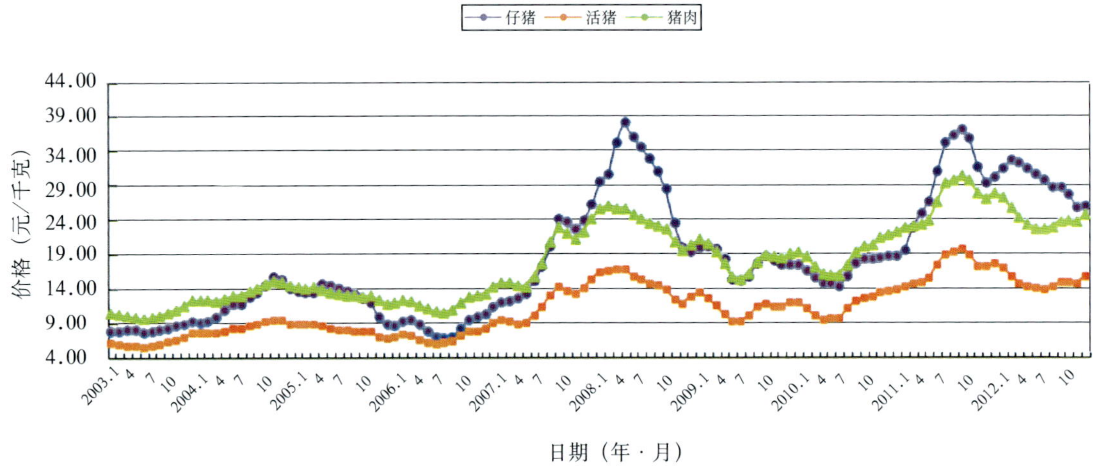

图3　2003—2012年生猪产品价格走势图

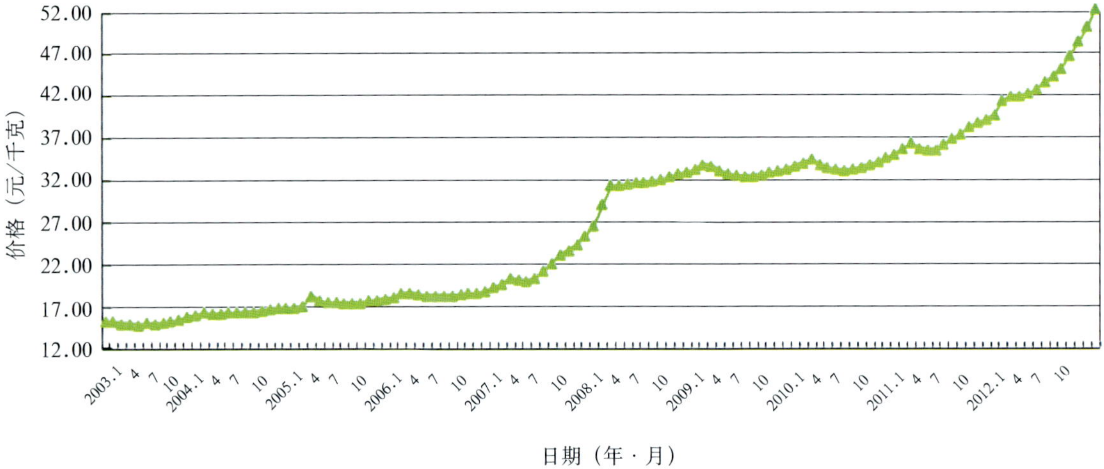

图4　2003—2012年牛肉价格走势图

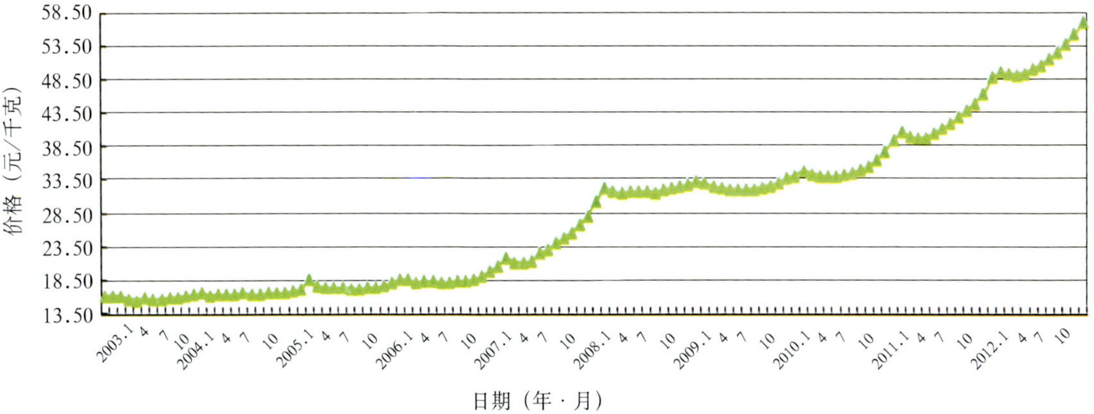

图5　2003—2012年羊肉价格走势图

图6　2003—2012年鸡蛋价格走势图

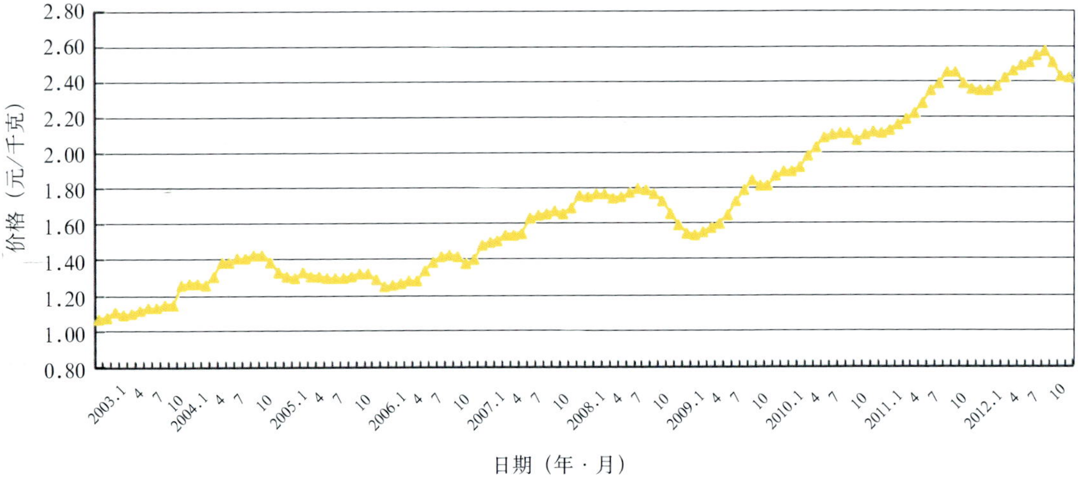

图7　2003—2012年玉米价格走势图

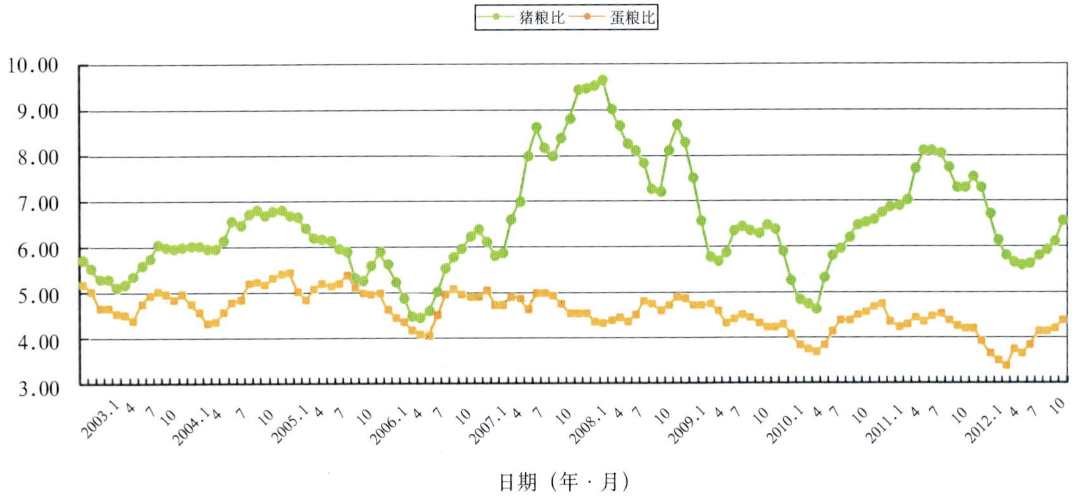

图8　2003—2012年猪粮比、蛋粮比走势图